の内容や論展開、要旨を整理したものを用意しました。要点となる箇所を埋めていく空欄補充形式で、本文全体の構成や展開、内容を把握することができます。

⑤内容の理解　客観問題と記述問題とをバランスよく用意し、本文読解にあたって、重要な点を押さえられるようにしました。

◇教科書の学習と関連づける

⑥帯　「漢字・語句」の上部に教科書の本文掲載ページ・行を示す帯、「内容の理解」の上部に意味段落を示す帯を付け、教科書と照合しやすくしました。

⑦脚問・学習　教科書の「脚問」「学習の手引き」と関連した問いの下部に、アイコンを付けました。

◆本書の特色

①新傾向問題　「内容の理解」で、会話形式や条件付き記述などの問いを、適宜設定しました。

②活動　教科書収録教材を主体的に学習する特集ページを設けました。

③ウェブコンテンツ　漢字の設問を、ウェブ上で繰り返し取り組めるように、二次元コードを設置しました。

④付録　実用文・グラフ等を読み解く際のポイント解説と実践問題を用意しました。

表現編

③

学習目標　比喩や例示など、文の印象を変える表現上の工夫について学ぶ。

書いて伝える③
—表現の工夫—

教科書 p.152〜p.153

表　現

㋐次の㋐〜㋙の言葉の中から、外来語を三つ選び、記号で答えなさい。
㋐ たばこ　㋑ 手品　㋒ うさぎ　㋓ 物語
㋔ 人間　㋕ 報告　㋖ ぷりき　㋗ ふるさと
㋘ 家屋　㋙ 家具

㋑次の各文の傍線部を、例にならって漢語に言い換えなさい。
例　二つの文章を比べる。→二つの文章を比較する。
① ルールは守らなければならない。

② 夜十時には寝ましょう。

③ 私は、二つの違いがわからない。

㋒次の同じ意味を持つ三つの言葉は、それぞれ和語・漢語・外来語のいずれか、答えなさい。
① 1 速度　2 スピード　3 速さ

㋓次の各文で用いられている表現上の工夫の種類を、あとの㋐〜㋖から
それぞれ選び、記号で答えなさい。
① いすに座ったまま足をぶらぶらさせる。
② 君の瞳はダイアモンドだ。
③ 今年初めて見たのは、楓糸というものを
④ 彼女は、あたかも病気であるような顔色をしていた。
⑤ 春の雪が、花たちの顔にはほんぐでくれる。

㋔次の文章の空欄にあてはまる擬態語を、あとの㋐〜㋖からそれぞれ選
び、記号で答えなさい。
① 夜が更けていく。
② べちゃくちゃしゃべっていてはいけません。
㋐ 体言止め　㋑ 倒置法　㋒ 振音語　㋓ 直喩
㋔ 隠喩　㋕ 擬声語　㋖ 擬人法　㋗ 倒置法

⑤

内容の理解

第二段落 (p.11 ℓ.5〜p.12 ℓ.6)　　第一段落 (初め〜p.11 ℓ.4)

第一段落 (初め〜p.11 ℓ.4)

１「何者かと問われ」（10・1）とあるが、誰から問われたのかを記

② 「〜こころ」に続く形で本文中から…五字で…
ころ

③「一線を…

４「オーケー、最高だ」（11・4）とあるが、どうして筆者は「最高だ」と思えたのか。次から選びなさい。
ア 旅の途中でタクシー運転手に高額の運賃をふっかけられずに
　済んだから。
イ 旅の途中で人間が自分ひとりかおらず、危険がなく気楽で安心
　だったから。

脚問1

新傾向

新傾向の設問はデザインを変え、わかりやすく表示しています。

JN102805

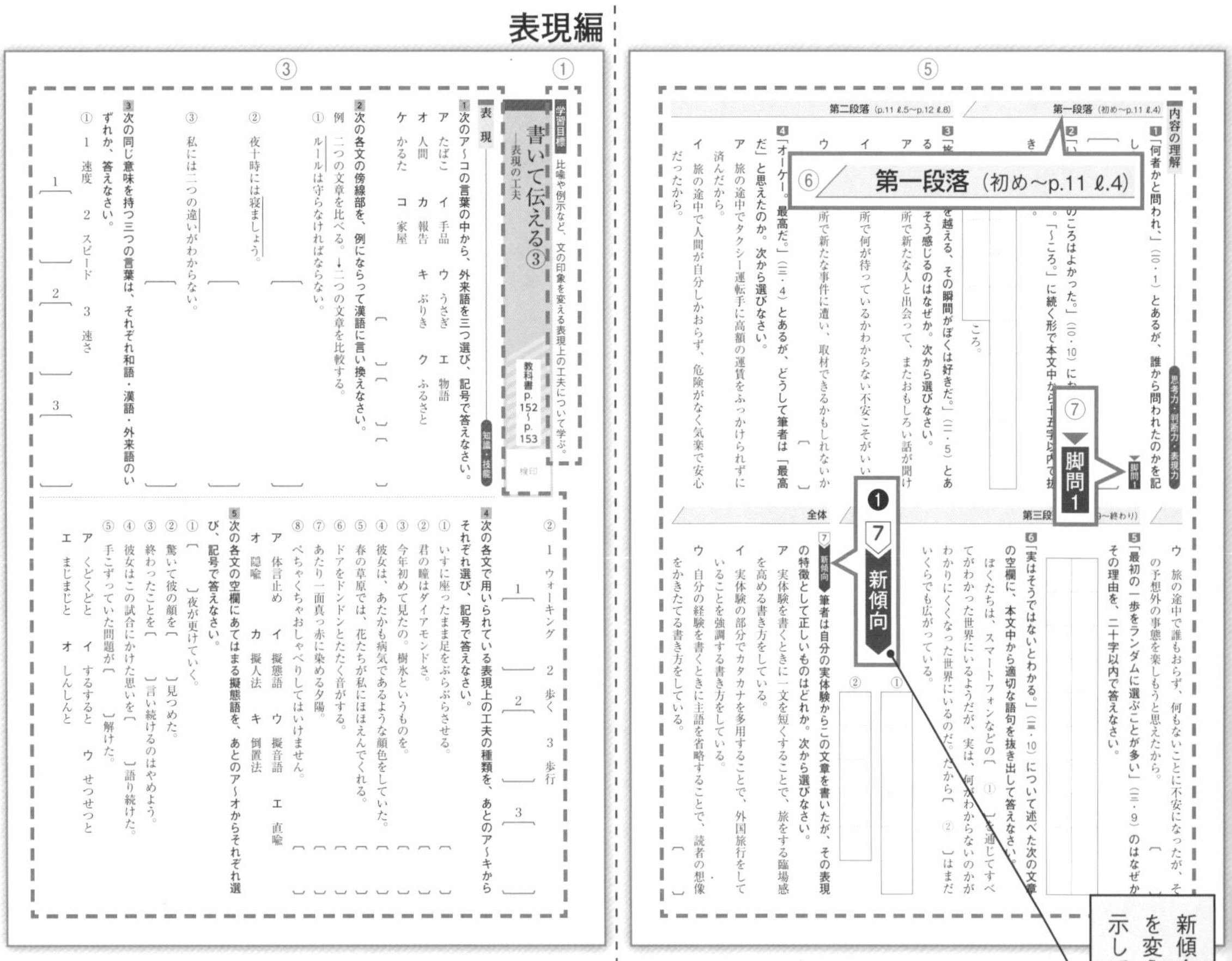

目次

理解編

表現編

付録

プラスウェブ

下にある二次元コードから、ウェブコンテンツの一覧画面に進むことができます。

https://dg-w.jp/b/b970001

学習目標　本文の内容や論展開をつかみ、「未知」に対する筆者の捉え方を読み取る。

「未知」はいくらでもある（宮内悠介）

教科書p.10〜p.14

検印

漢字

知識・技能

1 太字の仮名は漢字に直し、太字の漢字は読みを記しなさい。

① スタンプを**お**［　］す。（p.10 ℓ.2）
② 国境を**こ**［　］える。（ℓ.3）
③ **ちょうへん**［　］を書く。（ℓ.5）
④ タオルを**ま**［　］く。（p.11 ℓ.4）
⑤ **りょうがえ**［　］所に行く。（p.12 ℓ.1）
⑥ 一歩を**ふ**［　］み出す。（ℓ.4）
⑦ **もよ**［　］りの街を目ざす。（ℓ.5）
⑧ 質問攻めに**あ**［　］う。（ℓ.7）
⑨ **みやげ**［　］をもらう。（ℓ.7）
⑩ すべては**そうてい**［　］済み。（ℓ.10）
⑪ **かのうせい**［　］がある。（ℓ.12）
⑫ 地図に**の**［　］っている村。（p.13 ℓ.1）
⑬ まだ知らない**りょういき**［　］。（ℓ.2）
⑭ その国の**ろじ**［　］を歩く。（ℓ.7）
⑮ **徒歩**（　）で行く。（p.10 ℓ.3）
⑯ 道を**突**（　）っ切る。（ℓ.8）
⑰ **帽子**（　）をなくす。（p.11 ℓ.3）
⑱ その**瞬間**（　）が好き。（ℓ.5）
⑲ 高額の**運賃**（　）。（ℓ.10）
⑳ 価格を**交渉**（　）する。（ℓ.13）
㉑ 休みを**繰**（　）り返す。（p.12 ℓ.5）
㉒ サイコロを**振**（　）る。（ℓ.9）
㉓ 理解の**範囲**（　）が広がる。（ℓ.12）
㉔ 本の**見返**（　）しの部分。（ℓ.16）
㉕ 地図の**一角**（　）が真っ白。（p.13 ℓ.1）
㉖ 当時の**地勢**（　）を調べる。（ℓ.3）

語句

知識・技能

1 次の太字の語句の意味を調べなさい。

① **昔気質**《かたぎ》の人。（p.12 ℓ.8）
［　　　　］
② ぼくは**肩すかしを食った**。（p.13 ℓ.4）
［　　　　］

2 次の空欄にあとから適語を選んで入れなさい。

① 周りには何もない。（　）牛の鳴き声だけが聞こえる。（p.12 ℓ.1）
② わからないことが好きだ。それもわからないままであれば（　）いい。（ℓ.11）

（　なお　ただ　）

3 次の語句を使って短文を作りなさい。

① 〜はおろか（p.12 ℓ.1）
［　　　　］
② あたかも（p.13 ℓ.9）
［　　　　］

論理の把握

1 空欄に本文中の語句を入れて、内容を整理しなさい。　思考力・判断力・表現力

第一段落（初め～p.11 ℓ.4）	第二段落（p.11 ℓ.5～p.12 ℓ.8）	第三段落（p.12 ℓ.9～終わり）
タジキスタンから〔ア　　〕へ	〔オ　　〕を越えて	未知の領域
三年前、取材のために中央アジアを旅行 取材の最後の仕上げ：タジキスタン→〔イ　　〕の東部に入る 暑い中、〔ウ　　〕で〔エ　　〕を越えた。 目的：かつてそこであったという政治的事件を調べるため	旅先で国境を越える〔カ　　〕がぼくは好きだ。 不安はある。でも、その不安こそがいい。 ありそうなこと（予想）：高額の運賃をふっかけてくる〔キ　　〕に囲まれる。 実際（予想外）：何もなかった。 ← しばし立ちすくみ、最初の〔ク　　〕を踏み出した。	迷ったとき、ぼくは最初の一歩は〔ケ　　〕に選ぶ。 ↓わからないことが好きだから 「わからない」を増やしていくことも、大切なのではないか。 ★わからないことが増えるほどに、〔コ　　〕が広がるように感じられる 今は〔サ　　〕を通じて、すべてがわかってしまった世界にいるようだが、〔シ　　〕は、まだいくらでも広がっている。

要旨

1 空欄に本文中の語句を入れて、全体の要旨を整理しなさい。　思考力・判断力・表現力

暑い中央アジアでの取材で、徒歩で国境を越えることになった。ぼくはこの〔ア　　〕が好きだ。なぜなら、道行く先に何が待っているかわからない〔イ　　〕がいいからだ。わからないことが〔ウ　　〕ままがいいのだ。「わからない」を増やすと、自分の〔エ　　〕が広がるように感じられるのが大切なのだ。今はテクノロジーを通じてすべてがわかっているように感じられるが、まだまだ未知の〔オ　　〕はいくらでも広がっている。

2 右を参考にして、次の空欄に適当な語句を入れ、筆者の主張を二文でまとめなさい。

自分の内面を広げていくためにも「わからない」を増やしていくことが大切である。ぼくたちがいる世界は、テクノロジーを通じて

〔　　　　　　　　〕

まだまだ未知の領域は広がっている。

内容の理解

思考力・判断力・表現力

第一段落（初め～p.11 ℓ.4）

1 「何者かと問われ、」（一〇・1）とあるが、誰から問われたのかを記しなさい。 脚問1

〔　　　〕

2 「いわく、あのころはよかった。」（一〇・10）において、「あのころ」とは、いつか。「～ころ。」に続く形で本文中から十五字以内で抜き出しなさい。

ころ。

第二段落（p.11 ℓ.5～p.12 ℓ.8）

3 「旅先で国境を越える、その瞬間がぼくは好きだ。」（一一・5）とあるが、筆者がそう感じるのはなぜか。次から選びなさい。

ア　新しい場所で新たな人と出会って、またおもしろい話が聞けるから。

イ　新しい場所で何が待っているかわからない不安こそがいいから。

ウ　新しい場所で新たな事件に遭い、取材できるかもしれないから。

〔　　　〕

4 「オーケー。最高だ。」（一二・4）とあるが、どうして筆者は「最高だ」と思えたのか。次から選びなさい。

ア　旅の途中でタクシー運転手に高額の運賃をふっかけられずに済んだから。

イ　旅の途中で人間が自分しかおらず、危険がなく気楽で安心だったから。

ウ　旅の途中で誰もおらず、何もないことに不安になったが、その予想外の事態を楽しもうと思えたから。

〔　　　〕

第三段落（p.12 ℓ.9～終わり）

5 「最初の一歩をランダムに選ぶことが多い」（一二・9）のはなぜか。その理由を、二十字以内で答えなさい。

6 「実はそうではないとわかる。」（一三・10）について述べた次の文章の空欄に、本文中から適切な語句を抜き出して答えなさい。

ぼくたちは、スマートフォンなどの〔　①　〕を通じてすべてがわかった世界にいるようだが、実は、何がわからないのかがわかりにくくなった世界にいるのだ。だから〔　②　〕はまだいくらでも広がっている。

①

②

全体

7 新傾向 筆者は自分の実体験からこの文章を書いたが、その表現の特徴として正しいものはどれか。次から選びなさい。

ア　実体験を書くときに一文を短くすることで、旅をする臨場感を高める書き方をしている。

イ　実体験の部分でカタカナを多用することで、外国旅行をしていることを強調する書き方をしている。

ウ　自分の経験を書くときに主語を省略することで、読者の想像をかきたてる書き方をしている。

〔　　　〕

学習目標　本文の内容や論展開をつかみ、筆者がナマケモノから学んだことを理解する。

ナマケモノになる（辻信一）

教科書p.15～p.24

検印

漢字　知識・技能

1 太字の仮名は漢字に直し、太字の漢字は読みを記しなさい。

(p.15 ℓ.1) ① 人々を**おうえん**［　　］する。
(p.15 ℓ.4) ② 長い**つめ**［　　］。
(p.15 ℓ.7) ③ **あわ**［　　］れな姿。
(p.15 ℓ.12) ④ 逃げないように**しば**［　　］る。
(p.16 ℓ.2) ⑤ **ざんこく**［　　］に扱う。
(p.16 ℓ.13) ⑥ **きゅうご**［　　］センターがある。
(p.18 ℓ.9) ⑦ 敵から**おそ**［　　］われる。
(p.18 ℓ.16) ⑧ **じゅんかん**［　　］型社会。
(p.19 ℓ.14) ⑨ イメージで**とら**［　　］える。
(p.20 ℓ.1) ⑩ するどい**きば**［　　］。
(p.21 ℓ.13) ⑪ **むだ**［　　］な時間を省く。
(p.21 ℓ.16) ⑫ **ひま**［　　］な人。
(p.22 ℓ.3) ⑬ 大量に**はいき**［　　］する。
(p.23 ℓ.6) ⑭ 戦争をしないと**ちか**［　　］う。
(p.15 ℓ.3) ⑮ ムードを**漂**〔　　〕わせる。
(p.15 ℓ.8) ⑯ 油を**採**〔　　〕るためのヤシ。
(p.15 ℓ.11) ⑰ **痩**〔　　〕せっぽちな犬。
(p.16 ℓ.3) ⑱ ほほえみを**絶**〔　　〕やさない。
(p.16 ℓ.7) ⑲ 動物**虐待**〔　　〕。
(p.16 ℓ.9) ⑳ スローガンを**掲**〔　　〕げる。
(p.18 ℓ.12) ㉑ 動物が**捕**〔　　〕まる。
(p.19 ℓ.3) ㉒ 動物が食べる**餌**〔　　〕。
(p.19 ℓ.14) ㉓ 思い込みは**嫌**〔　　〕だ。
(p.20 ℓ.5) ㉔ 現代を生き**延**〔　　〕びる。
(p.21 ℓ.2) ㉕ お金を**稼**〔　　〕ぐ。
(p.22 ℓ.14) ㉖ **里親**〔　　〕になる。

語句　知識・技能

1 次の太字のカタカナを和語に直しなさい。

(p.15 ℓ.3) ① ふしぎな**ムード**を漂わせる。〔　　〕
(p.16 ℓ.9) ② 「森を守ろう」という**スローガン**。〔　　〕

2 「弱肉強食」（一九・2）のように、逆の意味の漢字が含まれる四字熟語を答えなさい。

① 〔　〕同〔　〕異
② 〔　〕耕〔　〕読
③ 〔　〕往〔　〕往
④ 針〔　〕棒〔　〕

3 次の語を使って短文を作りなさい。

(p.15 ℓ.3) ① ～かのような
〔　　〕
(p.18 ℓ.17) ② まさに～
〔　　〕

論理の把握

思考力・判断力・表現力　▼学習一

1 空欄に本文中の語句を入れて、内容を整理しなさい。

段落	見出し	内容
第一段落（初め〜p.16 ℓ.9）	ナマケモノとの出会い	エクアドルで森を守る活動に参加したぼくたちは、行く先々で〔ア　　〕を失ったナマケモノに出会った。ナマケモノが〔イ　　〕を受けないようにするために、「森を守ろう」という〔ウ　　〕を掲げるようになった。
第二段落（p.16 ℓ.10〜p.19 ℓ.1）	ナマケモノの習性	ナマケモノのファンになったぼくは、自分なりの〔エ　　〕を始め、「ナマケモノ倶楽部」を作った。そして、いつの間にかナマケモノのようになりたいと思い始めた。ナマケモノは動きが遅いのでバカにされているが、実は〔オ　　〕にやさしい〔カ　　〕の暮らしをしているすごい動物だった。
第三段落（p.19 ℓ.2〜p.22 ℓ.3）	ナマケモノの生き方	動物たちの住む世界の〔キ　　〕のイメージは人間社会にもあてはまり、激しい〔ク　　〕を繰り広げている。しかし、人生をそれだけで捉えるのは危険で、ナマケモノのような生き方が、実はぼくたち人間を救ってくれるのだという気がしてきた。時間を〔ケ　　〕してお金になることだけをしようなどとは考えない生き方がぼくたちにも必要なのではないか。
第四段落（p.22 ℓ.4〜終わり）	ナマケモノから学ぶこと	コスタリカの自然保護区でアローヨさん夫婦から傷ついたナマケモノを預かり〔コ　　〕になった。人間がナマケモノから学べることは何かというぼくの問いに、「〔サ　　〕なもの以上はいらない。争わない。ひと言で言うと〔シ　　〕だ。」という答えが奥さんから返ってきた。

要旨

思考力・判断力・表現力

1 空欄に本文中の語句を入れて、全体の要旨を整理しなさい。

森を守ろうという運動に参加したぼくたちは森を追われた哀れなナマケモノに出会い、いろいろと調査するうちに彼らのファンになった。彼らは怠けているのではなく、環境にやさしい〔ア　　〕の暮らしをしていると知った。動物界における〔イ　　〕というイメージは人間社会にも使われるが、〔ウ　　〕をこのイメージで捉えることは〔エ　　〕である。これからを生き延びるためにも、「ナマケモノ」から〔オ　　〕を学ぶべきである。

2 右を参考にして、次の空欄に適当な語句を入れ、筆者の主張を四文でまとめなさい。

動物界の「弱肉強食」のイメージを人間社会にあてはめて考えることは危険であり、ナマケモノの生き方を学ぶべきである。私たちがナマケモノから学ぶべきことは、

〔　　　　　　　　〕

すなわち、平和のライフスタイルを実現することである。

内容の理解

第一段落（初め〜p.16 ℓ.9）

1 「すごい勢いで森の木が切られて」（一五・7）とあるが、森の木が切られる理由を二十字以内で答えなさい。 思考力・判断力・表現力

2 「結局、ぼくたちはこの動物が虐待を受けないようにするために」（一六・7）どのような行動をとったか。次の文章の空欄に適当な言葉を入れなさい。 脚問1

初めは虐待から守るため、町でナマケモノを買っては森に〔①〕とした。その結果、買い手があることで、よりナマケモノを見つけて売ろうとする者が増えてしまった。結局、〔②〕ことが大事だと考えるようになった。

①

②

第二段落（p.16 ℓ.10〜p.19 ℓ.1）

3 新傾向 「すごい動物」（一八・5）とあるが、第二段落まででわかっているナマケモノの「すごい」点を次からすべて選びなさい。

ア 長い手足を持つ　イ 低エネの暮らし　ウ 食用になる

エ 循環型の暮らし　オ 孤立型の暮らし　〔　　〕

4 「どうしてこんな危険なことをするのだろう」（一八・13）の理由を具体的に説明している部分を、「…から。」に続く形で、本文中から五十字以内で抜き出し、初めと終わりの五字で答えなさい。

～　から。

5 新傾向 「ぼくは競争がいけない、……嫌なのだ。」（一九・13〜14）について、三人の生徒が話している。どの意見が一番筆者の考えに近いか。次から選びなさい。

生徒A：競争ばかりしていると心がぎすぎすしてしまって人間関係が悪くなるということだと思うよ。

生徒B：いや、強くなくったって、一番じゃなくったっていい生き方があると強調したいんだよ。

生徒C：大人が子供に対して成績がすべてだという期待をかけることは逆効果だよ、と心の中で思っているんじゃないかな。

生徒〔　　〕

第三段落（p.19 ℓ.2〜p.22 ℓ.3）

6 「このコースから逸れてしまう人たち」（二一・13）とはどういう人か。端的に説明している部分を本文中から三十字以内で抜き出し、初めと終わりの五字で答えなさい。

～

第四段落（p.22 ℓ.4〜終わり）

7 「ぼくたち人間がナマケモノから学べること」（二二・1）とは何か。次の中から選びなさい。

ア 住みにくい世の中でも皆と仲良く暮らし、けがをしたものや、赤ん坊などの弱いものを大切に暮らすこと。

イ 必要以上のものを求めず、人と争わず、誰とでも仲良くし、あくせく働かずにのんびり暮らすこと。

ウ 自分たちのしていることが回りの社会や人々を支えているのだという自覚を常に持って暮らすこと。

〔　　〕

学習目標　筆者の主張と写真から得られる情報を関連づけながら、言語表現の多様性を理解する。

言語としてのピクトグラム（本田弘之）

教科書 p.26 〜 p.35

検印

漢字　知識・技能

1 太字の仮名は漢字に直し、太字の漢字は読みを記しなさい。

①比較**たいしょう**［　］する。（p.26 ℓ.4）
②EU**かめいこく**［　］に行く。（p.28 ℓ.9）
③役所に**しんせい**［　］する。（p.28 ℓ.9）
④移民を**どうにゅう**［　］する。（p.28 ℓ.13）
⑤写真を**かか**［　］げる。（p.28 ℓ.16）
⑥**ほぼゆいいつ**［　］の方法。（p.30 ℓ.5）
⑦壁を**そうしょく**［　］する。（p.30 ℓ.9）
⑧**こゆう**［　］名詞の例。（p.32 ℓ.2）
⑨周囲に**こうけん**［　］する。（p.32 ℓ.15）
⑩公園の**かんりしゃ**［　］になる。（p.32 ℓ.16）
⑪家族を**こうせい**［　］する。（p.33 ℓ.2）
⑫イラストを**そ**［　］える。（p.33 ℓ.7）
⑬**てじゅん**［　］を考える。（p.33 ℓ.8）
⑭対策を**けんとう**［　］する。（p.33 ℓ.8）
⑮世界各地の**街角**〔　〕。（p.26 ℓ.2）
⑯**施設**〔　〕を利用する。（p.26 ℓ.3）
⑰列車が**通過**〔　〕する。（p.26 ℓ.5）
⑱**急速**〔　〕に広がった。（p.26 ℓ.11）
⑲**標準**〔　〕モデル。（p.26 ℓ.11）
⑳地域の言語を**解**〔　〕さない。（p.29 ℓ.14）
㉑表記を**採用**〔　〕する。（p.32 ℓ.7）
㉒**極力掲示**〔　〕しない。（p.32 ℓ.8）
㉓不正を**排除**〔　〕する。（p.32 ℓ.17）
㉔画用紙に**作図**〔　〕する。（p.33 ℓ.6）
㉕ずっと**有効**〔　〕である。（p.33 ℓ.9）
㉖**広範囲**〔　〕に機能する。（p.33 ℓ.9）

語句　知識・技能

1 次の太字の語句の意味を調べなさい。

①日本が進むべき**モデル**。（p.28 ℓ.7）
［　］
②**一見**しただけではわからない。（p.30 ℓ.14）
［　］

2 次の空欄にあとから適語を選んで入れなさい。

①EUに〔　〕を合わせて調査する。（p.27 ℓ.3）
②わかりにくい表記は〔　〕避ける。（p.32 ℓ.8）
（　焦点　　極力　）

3 次の語句を使って短文を作りなさい。

①判断に苦しむ（p.29 ℓ.1）
［　］
②なじみがない（p.30 ℓ.10）
［　］
③添え物（p.30 ℓ.15）
［　］

論理の把握

思考力・判断力・表現力　▼学習一

1 空欄に本文中の語句を入れて、内容を整理しなさい。

●駅でサイン掲示を考える

第一段落（初め～p.26 ℓ.10）	話題提起	公共サインの比較から日本のサインの特徴が明瞭になった
第二段落（p.26 ℓ.11～p.28 ℓ.12）	日本の公共サインの特徴	日本の公共サインの特徴 …〔ア　　〕で書かれたサイン ⇔ ヨーロッパの事例…自国語のみの表記
第三段落（p.28 ℓ.13～p.29 ℓ.16）	EU諸国の公共サイン	EU諸国の公共サインの特徴 …自国の公用語＋〔イ　　〕という「多言語表記」
第四段落（p.29 ℓ.17～p.30 ℓ.5）	筆者の主張	グローバル化に伴う〔ウ　　〕を乗り越える唯一の方法 ＝ ピクトグラムの使用

●ピクトグラムはイラストではない

第一段落（p.30 ℓ.7～p.31 ℓ.3）	ピクトグラムの挿絵化	ピクトグラム掲示をする際、避けること ＝ 「ピクトグラムの挿絵化」 文字によるサインを〔エ　　〕・〔オ　　〕するためにピクトグラムを使用している現象
第二段落（p.32 ℓ.1～p.32 ℓ.6）	例外	文字を併用してよい場合→〔カ　　〕の表記
第三段落（p.32 ℓ.7～p.32 ℓ.17）	ピクトグラム表示の注意点	・ピクトグラムを使用する際〔キ　　〕以外は併記すべきでない ・ピクトグラム表示を〔ク　　〕させる努力をする
第四段落（p.33 ℓ.1～終わり）	結論	ピクトグラムを「言語」と同等のものとみなして使用すれば広範囲に有効に機能する

要旨

思考力・判断力・表現力

1 空欄に本文中の語句を入れて、全体の要旨を整理しなさい。

世界各地の〔ア　　〕の公共サインを調査した結果、サインを〔イ　　〕化する日本と、〔ウ　　〕を使用するEU諸国という違いが明瞭になった。急速に進展する〔エ　　〕化に伴う言語障壁を乗り越えるには「ピクトグラムの使用」が最適であるが、気をつけねばならないことがある。それはピクトグラムの〔オ　　〕である。それを避けるにはピクトグラムには「〔カ　　〕的なもの」以外の文字は掲示しないルールが必要である。

2 右を参考にして、次の空欄に適当な語句を入れて筆者の主張を二文でまとめなさい。

日本では公共サインに「多言語サイン」を使用するという特徴があるが、言語障壁を乗り越えるには、ピクトグラムの使用が最適である。ピクトグラムを使用する際には、ピクトグラムを〔　　　　〕

内容の理解

思考力・判断力・表現力

第一段落（初め～p.26 ℓ.10）

●駅でサイン掲示を考える

1 **「日本のサイン掲示の特徴」（二六・7）とは、何か。次から選びなさい。**

ア　文字とピクトグラムを併用したサイン掲示が多いということ。

イ　多言語で書かれたサイン掲示が多いということ。

ウ　ピクトグラムを多用したサイン掲示が多いということ。〔　〕

第三段落（p.28 ℓ.13～p.29 ℓ.16）

2 **「特定の言語（文字）に依存しないピクトグラム」（二八・14）とあるが、「ピクトグラム」について端的に説明する部分を本文中から十字以内で抜き出しなさい。**

第一段落（p.30 ℓ.7～p.31 ℓ.3）

●ピクトグラムはイラストではない

3 **「ピクトグラムの挿絵化」（三〇・12）について、次の問いに答えなさい。**

(1)「ピクトグラムの挿絵化」とはどのような現象か。本文中の語句を用いて三十字以内で答えなさい。

(2)「ピクトグラムの挿絵化」が問題なのはなぜか。その説明として適当なものを、次から選びなさい。

ア　すべてを絵に頼ることで、使用する人の言語能力が低下してしまうから。

第一段落

イ　ピクトグラムの絵柄を世界のすべての国で統一するのが難しいから。

ウ　ピクトグラムがサインになっておらず、文字情報の装飾の意味しか果たしていないから。〔　〕

4 **「ピクトグラム表記を……掲示すべきではない」（三二・7）と筆者が考える理由を述べた部分を本文中から四十五字以内で抜き出し、解答欄の形式に合うように、初めと終わりの六字で答えなさい。（記号は字数に含める）**

～　　　から。

第三段落（p.32 ℓ.7～p.32 ℓ.17）

全体

5 **筆者の考えに合致するものを次の中から選びなさい。**

ア　グローバル化の進む現代社会において、公共サインの表記は、その国の公用語と同時に世界共通言語といえる英語を併記したものにすべきである。

イ　グローバル社会の進む現代社会において、公共サインは、なるべくカラフルなピクトグラムを用いることが大切である。

ウ　グローバル社会の進む現代社会において、公共サインの表記は、なるべく文字を用いずピクトグラムのみで掲示することが望ましい。〔　〕

6 新傾向 **教科書の写真1・2（二七ページ）・写真3・4（三一ページ）の中で、筆者の推奨する公共サインにあてはまるものはどれか。すべて選び、写真番号で答えなさい。**〔　〕

学習目標　音声と意味との関係から、オノマトペの機能的特徴をつかむ。

言葉の海のオノマトペ（清水由美）

教科書p.36〜p.42

検印

漢字

知識・技能

1 太字の仮名は漢字に直し、太字の漢字は読みを記しなさい。

p.36 ℓ.4 ①**せいかく**［　　］に言う。
p.36 ℓ.8 ②両者の**いんが**［　　］関係。
p.37 ℓ.3 ③別々に切り**はな**［　　］す。
p.37 ℓ.17 ④**じたい**［　　］を招く。
p.38 ℓ.2 ⑤**そくざ**［　　］に理解する。
p.38 ℓ.5 ⑥言葉の**うず**［　　］。
p.38 ℓ.9 ⑦顔の**りんかく**［　　］。
p.38 ℓ.12 ⑧**みっせつ**［　　］に結びつく。
p.39 ℓ.2 ⑨鳥が**ひらい**［　　］する。
p.39 ℓ.4 ⑩記号による**もしゃ**［　　］。
p.39 ℓ.11 ⑪**だくてん**［　　］をつける。
p.40 ℓ.4 ⑫音の**はんぷく**［　　］。
p.40 ℓ.8 ⑬意味に**はんえい**［　　］する。
p.41 ℓ.6 ⑭**しんせん**［　　］な表現。
p.36 ℓ.1 ⑮言語記号の**恣意**〔　　〕性。
p.36 ℓ.2 ⑯**縁側**〔　　〕で昼寝する。
p.36 ℓ.9 ⑰**野放図**〔　　〕な行動。
p.36 ℓ.12 ⑱おおかたの**凡人**〔　　〕。
p.37 ℓ.6 ⑲ほかの意味に使い**回**〔　　〕す。
p.38 ℓ.6 ⑳言葉の**大海原**〔　　〕。
p.38 ℓ.6 ㉑母語を**獲得**〔　　〕する。
p.38 ℓ.11 ㉒バッタの**一群**〔　　〕。
p.39 ℓ.17 ㉓点の**有無**〔　　〕。
p.40 ℓ.2 ㉔**音質**〔　　〕がよい。
p.41 ℓ.4 ㉕**恐怖**〔　　〕を感じる。
p.41 ℓ.5 ㉖**満天**〔　　〕の星。

語句

知識・技能

1 太字の語句の意味を調べなさい。

p.38 ℓ.3 ①**あらかじめ**意味を知っている。
〔　　〕
p.41 ℓ.7 ②**うかつには**直せません。
〔　　〕

2 本文中に出てくる擬態語や擬音語のように、濁音を付けると感じが違ってくるものを三つ書きなさい。

p.39 ℓ.14 （例）「ふかふか」と「ぶかぶか」
〔　　〕と〔　　〕
〔　　〕と〔　　〕
〔　　〕と〔　　〕

3 次の語句を使って短文を作りなさい。

p.37 ℓ.11 ①たかが知れる
〔　　〕
p.38 ℓ.13 ②まさしく
〔　　〕

論理の把握

思考力・判断力・表現力　▶学習一

1 空欄に本文中の語句を入れて、内容を整理しなさい。

前半〈人間の言語の特徴〉		後半〈オノマトペの特徴〉	
第一段落（初め～p.37 ℓ.8）	**第二段落**（p.37 ℓ.9～p.38 ℓ.7）	**第三段落**（p.38 ℓ.8～p.39 ℓ.11）	**第四・五段落**（p.39 ℓ.12～終わり）
フェルディナン・ド・ソシュール→［言語記号の〔ア　　〕］を発見 言葉として発せられる〔イ　　〕 それによって表される〔ウ　　〕 （イ・ウ）因果関係がない ＊人間の言葉と動物の鳴き声の違い ＝動物の声は切り離せないが、人間の声は切り離して他の意味にも使える	［言語記号の恣意性のメリットとデメリット］ メリット……人類はさまざまなことを語ることができる デメリット…音の〔エ　　〕と〔オ　　〕を一つ一つ頭の中で結びつけなければならない	［言語記号の恣意性の例外］ オノマトペと総称される〔カ　　〕・〔キ　　〕だけは例外 ・〔ク　　〕と意味が密接に結びついている ・擬音語は、現実の音の言語記号による〔ケ　　〕である ・日本語は格別オノマトペが発達している	［擬態語の特徴］ 擬態語は、〔コ　　〕を模写したもので、本来、音はないはず ↔〔サ　　〕と意味の対応がある…濁点には強さやエネルギー量が感じられる 単語の〔シ　　〕と意味にも一定の対応が見られる オノマトペも言葉である以上、〔ス　　〕なところもたくさんある ＊実例「ギラギラ光る星」

要旨

思考力・判断力・表現力

1 空欄に本文中の語句を入れ、要旨を整理しなさい。

音声と音声によって表される意味との間にはこれといって〔ア　　〕はなく、これを「言語記号の〔イ　　〕」という。両者に何の必然性もないから、過去も未来も〔ウ　　〕もウソも語れる。反面、音と意味をひたすら覚えるしかない。しかし、その「恣意性」の例外として〔エ　　〕がある。擬音語は音即意味で、〔オ　　〕は音質や単語の長さと意味に一定の対応が見てとれる。だが、言語である以上は恣意的なところ、つまり〔カ　　〕も多い。

2 右を参考にして、次の空欄に適当な語句を入れて筆者の主張を三文でまとめなさい。

言葉として発せられる音声「言語記号」と、音声によって表される意味との間には因果関係がない、すなわち、「恣意性」がある。例外として、

〔　　　　　　　　　　〕

しかし、言葉である以上これらにも恣意的なところがあるため、表現の多様性が生まれるのである。

内容の理解

思考力・判断力・表現力

第一段落・第二段落（初め～p.38 ℓ.7）

1「いやそれって発見ってほどのもんかい？　とはおっしゃいますな」（三六・10）は、どのような気持ちの表れか。次から選びなさい。

ア　言語記号の恣意性をソシュールが発見したことは、多くの人にとって重要なことであり、軽く扱うことは許されない。

イ　言語記号の恣意性をソシュールが発見したことは、たいしたことではないように思えるかもしれないが、実は重要なことである。

ウ　言語記号の恣意性をソシュールが発見したというが、このことは誰もが気づいていたのであり、彼に発見者の資格はない。

〔　　〕

2「意味から解放された音声」（三七・15）とはどういうことか。「…こと。」に続く形で本文中から十五字程度で抜き出しなさい。

〔　　　　　　　　　　　　　　　〕こと。

第三段落～第五段落（p.38 ℓ.8～終わり）

3「おぼろげながらよりどころにできそうな島」（三八・8）について答えなさい。　▼脚問3

(1)これは比喩だが、何をたとえているか。本文中から一語で抜き出しなさい。

〔　　〕

(2)「島」と対比的に使われている語を、本文中から一語で抜き出しなさい。

〔　　〕

第三段落～第五段落（p.38 ℓ.8～終わり）

4「小さな点々の有無がもたらす違いは、小さくありません。」（三九・17）とはどのようなことを述べているのか。次から選びなさい。

ア　濁点は小さいがその有無により、表記の方法は大きく違ってくるということ。

イ　濁点は小さいがその有無により、発音は大きく違ってくるということ。

ウ　濁点は小さいがその有無により、表現される意味は大きく違ってくるということ。

〔　　〕

5本文の内容と合致するものを次から選びなさい。

ア　音声と音声による意味との間に因果関係がないので、人類は過去から未来に至るさまざまな事柄を語ることができる。

イ　擬音語は音声と意味が密接に結びついているが、擬態語に関しては、「様子」に音はないので、音声と意味が結びついているとは言えない。

ウ　単語の長さと意味には一定の対応が見られるので、長い単語は実際に大きいものや長いものを表すと言える。

〔　　〕

全体

6　新傾向　本文における文体や表現方法の特徴としてあてはまらないものを、次の中から選びなさい。

ア　敬体と常体を使い分けることで、その場で筆者の話を聞いているかのような臨場感をもたらしている。

イ　さまざまな具体例で説明することで、読者がイメージしやすく、理解しやすくしている。

ウ　何かについて説明するときに必ず言い換え表現をして、わかりやすく理解に導いている。

〔　　〕

学習目標 筆者の旅の内容とそれに対する筆者の思いを読み取る。

十六歳のとき（星野道夫）

教科書p.44〜p.50

検印

漢字

知識・技能

1 太字の仮名は漢字に直し、太字の漢字は読みを記しなさい。

①多くの**せんたく**［　］肢。（p.44 ℓ.1）
②異国を**ほうろう**［　］する。（p.44 ℓ.7）
③さまざまな**ぼうけん**［　］。（p.44 ℓ.9）
④**ぎっしりとつ**［　］まる。（p.45 ℓ.9）
⑤僕は**さけ**［　］び出す。（p.45 ℓ.14）
⑥**えたい**［　］の知れぬ人々。（p.45 ℓ.16）
⑦**ぼうどう**［　］が起こる。（p.46 ℓ.2）
⑧記録を**ぬ**［　］り替える。（p.46 ℓ.6）
⑨ゆっくりと**ふく**［　］らむ。（p.46 ℓ.7）
⑩**きょうれつ**［　］な刺激。（p.46 ℓ.15）
⑪言葉を**か**［　］わす。（p.48 ℓ.2）
⑫古代文明の**いせき**［　］。（p.48 ℓ.4）
⑬バスの**しゅうちゃく**［　］点。（p.48 ℓ.17）
⑭出来事が**てんかい**［　］する。（p.49 ℓ.8）
⑮さまざまな**岐路**〔　〕。（p.44 ℓ.3）
⑯過去を**遡**〔　〕る。（p.44 ℓ.4）
⑰オブラートのような**皮膜**〔　〕。（p.44 ℓ.10）
⑱星を**眺**〔　〕める。（p.45 ℓ.3）
⑲二週間を**経**〔　〕る。（p.45 ℓ.7）
⑳**新鮮**〔　〕な体験。（p.45 ℓ.13）
㉑**騒然**〔　〕とした議場。（p.45 ℓ.17）
㉒**意気揚々**〔　〕とする。（p.46 ℓ.3）
㉓**懐**〔　〕かしく思い出す。（p.46 ℓ.13）
㉔とても**怪**〔　〕しげな路地。（p.48 ℓ.6）
㉕世界を**相対**〔　〕化する。（p.49 ℓ.15）
㉖**多様**〔　〕な人間模様。（p.49 ℓ.16）

語句

知識・技能

1 次の太字の語句の意味を調べなさい。

①さまざまな**岐路**がある。（p.44 ℓ.3）
［　］
②揺れ動く**混沌**《こんとん》とした時代。（p.46 ℓ.2）
［　］

2 次の語句の対義語を、あとからそれぞれ選びなさい。

①危険〔　〕（p.49 ℓ.6）
②帰国〔　〕（ℓ.11）
③解放〔　〕（ℓ.13）
④相対〔　〕（ℓ.15）

ア 出国　イ 拘束
ウ 絶対　エ 安全

3 次の語句を使って短文を作りなさい。

①わざわざ（p.46 ℓ.11）
［　］
②〜のかもしれない（p.49 ℓ.3）
［　］

論理の把握　思考力・判断力・表現力　▼学習一

1 空欄に本文中の語句を入れて、内容を整理しなさい。

第一段落（初め〜p.44 ℓ.11）	第二段落（p.44 ℓ.12〜p.49 ℓ.2）	第三段落（p.49 ℓ.3〜終わり）
話題の提示	筆者の体験談	まとめ
誰の人生にもさまざまな岐路がある 筆者にとっての初めての旅…〔ア　〕歳のときの〔イ　　〕 ・中学生のころからひそかに温めていた計画 ・外国に行き〔ウ　　〕というものに触れてみたい	一九六八年夏、移民船アルゼンチナ丸 〔エ　　〕を出発 ↓二週間後〔オ　　〕に到着＝叫び出したいような自由 旅のエピソード ・グランドキャニオンの〔カ　　〕な風景 ・PPMというフォークグループの事務所へ↓少し気恥ずかしい思い出 ・南部の町のバス停の匂い↓今でも懐かしいアメリカの匂い ・メキシコの古代遺跡↓パトカーに助けられた ・カナダでの〔キ　　〕↓カナダ人一家と十日間いっしょに旅する その後二十五年たった今も家族のようなつながり 二か月の旅を無事に終えたとき、心の筋肉をふつふつと感じていた	これほどおもしろかった日々はない 一人旅＝危険と背中合わせのスリル たくさんの人との〔ク　　〕｝を与えてくれた その日その日の〔ケ　　〕↓新しい出来事を展開 ← 人々がそれぞれの〔コ　　〕で生きていることを知る 世界を〔サ　　〕して見る目を得た

要旨　思考力・判断力・表現力

1 空欄に本文中の語句を入れて、全体の要旨を整理しなさい。

どうして自分は今ここにいるのかを説明しようとするとき、自分の人生の中での〔ア　　〕を遡ることでしかわからない。筆者は十六歳でアメリカに単身で渡り、旅の中で多くの人と〔イ　　〕、助けられながら旅を無事に終えた。世界の〔ウ　　〕を知り、さまざまな人がそれぞれの〔エ　　〕を持っていることを知った。それは、今生きている世界を〔オ　　〕化して見る目を筆者に与えてくれ、その大きな体験は今につながっている。

2 右を参考にして、次の空欄に適当な語句を入れ、筆者の主張を二文でまとめなさい。

自分の存在意義を説明するうえで、人生の岐路となったのは、十六歳のときの旅の体験である。その旅は、今生きている世界を〔　　　　〕ものであり、今につながっている。

内容の理解

思考力・判断力・表現力

第一段落（初め〜p.44 ℓ.11）

1 「アメリカを旅することができたなら」（四四・7）と筆者が思った理由を「…から。」に続く形で、本文中から十五字程度で抜き出しなさい。

から。

2 「オブラートのような皮膜」（四四・10）とはどういうもののたとえか。次から選びなさい。

ア 日常の危険から自分の身を守ってくれるもの。
イ 自分を囲むことで外への視野を狭くしているもの。
ウ 目にはっきりとは見えない不安のようなもの。〔　　〕

第二段落（p.44 ℓ.12〜p.49 ℓ.2）

3 「初めての旅を船で海を越えたこと」（四五・1）は、筆者にとってどのような体験だったか。次から選びなさい。

ア 太平洋の広さや青さに圧倒され、それまで自分が持っていた地球や世界についての認識を改めることができた体験。
イ うねるような太平洋の音に、自分が今まで暮らしていた陸地がいかに不安なものかを悟り、心細くなった経験。
ウ 二週間もの間、海だけを見ながら過ごし、星を眺めるくらいしか娯楽がない生活を我慢した経験。〔　　〕

4 「心の筋肉というものがもしあるならば、そんなものをふつふつと身体に感じていた。」（四九・1）とはどのような気持ちか。次から選びなさい。 ▼脚問2

ア 多くの挑戦と挫折を経て、疲労感と早く休みたい気持ち。
イ 二か月の旅を無事に終え一刻も早く日本に帰国したい気持ち。
ウ さまざまな体験を経た達成感と自信に満ちた気持ち。〔　　〕

第三段落（p.49 ℓ.3〜終わり）

5 「十六歳という年齢は若すぎたのかもしれない」（四九・3）をわかりやすく言い換えている部分を、本文中から四十字程度で抜き出し、初めと終わりの五字で答えなさい。

〜

6 「現実の世界」（四九・11）とは具体的に何か。本文中から十五字以内で抜き出しなさい。

7 「今生きている世界を相対化して見る目」（四九・15）は何を知ることで得られたか。次の文の空欄に、本文中の語句を入れなさい。

さまざまな人々が、それぞれの〔 ① 〕を持ち、遠い〔 ② 〕で自分と同じ〔 ③ 〕を生きていること。

①

②

③

全体

8 新傾向 本文中に見られる表現の効果の説明として適当ではないものを、次から選びなさい。

ア 「圧倒的だった」「強烈だった」という少し大げさな表現をすることで、初めての一人旅で受けた印象の強さを伝えている。
イ 「降るような星」「うねるような太平洋」などの比喩を使うことで、海を初めて見た感動を伝えている。
ウ 「自由に胸が詰まりそう」と、一般的にはネガティブな言葉をあえてポジティブに使い、旅の喜びを伝えている。〔　　〕

学習目標 本文の内容を捉え、他者との関わりから筆者が自身をどのように省みたのかを読み取る。

臆病な詩人、街へ出る（文月悠光）

教科書p.51～p.60　検印

漢字　知識・技能

1 太字の仮名は漢字に直し、太字の漢字は読みを記しなさい。

① p.51 ℓ.2 現地に**たいざい**〔　〕する。
② p.51 ℓ.3 詩を**ろうどく**〔　〕する。
③ p.51 ℓ.7 すっかり**あっとう**〔　〕される。
④ p.51 ℓ.11 **しんけん**〔　〕に取り組む。
⑤ p.52 ℓ.6 空を**あお**〔　〕ぐ。
⑥ p.52 ℓ.16 仕事の**ぐち**〔　〕。
⑦ p.53 ℓ.16 **おもに**〔　〕を背負う。
⑧ p.54 ℓ.10 すごく**つか**〔　〕れる。
⑨ p.54 ℓ.13 役割を**ぶんたん**〔　〕する。
⑩ p.55 ℓ.12 **かじょう**〔　〕に反応する。
⑪ p.56 ℓ.13 臆病さを**たて**〔　〕にする。
⑫ p.57 ℓ.15 道を開いた**いじん**〔　〕たち。
⑬ p.58 ℓ.6 言葉の世界に**ぼっとう**〔　〕する。
⑭ p.59 ℓ.7 新しい物語を**かな**〔　〕でる。
⑮ p.51 ℓ.4 評判と**裏腹**〔　〕に焦る。
⑯ p.51 ℓ.4 私は**焦**〔　〕っていた。
⑰ p.51 ℓ.10 **代替**〔　〕案を口にする。
⑱ p.52 ℓ.7 受身による**搾取**〔　〕。
⑲ p.52 ℓ.8 **不甲斐**〔　〕ない自分。
⑳ p.52 ℓ.11 **老舗**〔　〕レストラン。
㉑ p.53 ℓ.1 相手に**見透**〔　〕かされる。
㉒ p.55 ℓ.6 行動の**指標**〔　〕とする。
㉓ p.55 ℓ.16 相手に**憤**〔　〕る。
㉔ p.56 ℓ.9 本を**物色**〔　〕する。
㉕ p.56 ℓ.12 **殻**〔　〕に閉じこもる。
㉖ p.58 ℓ.9 **大雑把**〔　〕に切り捨てる。

語句　知識・技能

1 次の太字の語句の意味を調べなさい。

① p.52 ℓ.6 フィンランドで**途方に暮れる**。
〔　〕
② p.58 ℓ.1 「書くこと」に**的を絞る**。
〔　〕

2 次の太字の語と同じ意味で漢字が使われている熟語を、あとの中から選びなさい。

p.54 ℓ.10 コミュニケーションに**長**《た》**ける**。
ア 長編　イ 長所　ウ 長老　〔　〕

3 次の空欄にあとから適語を選んで入れなさい。

① p.52 ℓ.4 〔　〕と立ちくらみがした。
② p.54 ℓ.6 〔　〕と漏らしたひと言。
（ ポツリ　クラクラ ）

4 次の語句を使って短文を作りなさい。

① p.51 ℓ.11 ～ないしは～
〔　〕
② p.55 ℓ.17 肩を持つ
〔　〕

論理の把握

1 筆者の心の動きを、空欄に本文中の語句を入れて整理しなさい。 思考力・判断力・表現力 ▼学習一

第一段落（初め～p.52 ℓ.6）	第二段落（p.52 ℓ.8～p.56 ℓ.7）	第三段落（p.56 ℓ.9～p.58 ℓ.7）	第四段落（p.58 ℓ.8～終わり）
問題提起	本論①	本論②	まとめ
フィンランドで詩のイベントに出演するため、アーティストのチョーさんと現地に二週間ほど滞在した。仕事は無事終了。評判も上々。だが、「［ア　　　］」と私の心は焦っていた。チョーさんの積極的な振る舞いを目の当たりにした私は、クラクラと立ちくらみがして、［イ　　　］空を仰いだ。	帰国前日のレストランで、自分の［ウ　　　］態度と［エ　　　］な性格を相談した。チョーさんは「自分も積極的に演じているだけ」と言い、受身の態度の人は「周りから［オ　　　］に見られたくないし、自分が傷つきたくないだけ」と話した。私は黙るしかなかった。	ヘルシンキの書店で自問自答を繰り返す。 ・自分は臆病さを盾にして誰かを［カ　　　］してこなかっただろうか。 ・このまま［キ　　　］を恐れながら生きていくの？ 行動もせず、現状を嘆くばかりの過去の自分が思い出され、情けなくなった。	帰国から三か月がたった現在、ある［ク　　　］を実感している。チョーさんと本音で語ったことで、丁寧に自分の［ケ　　　］を見ていくことにした。これからは自分の内側の声ばかりではなく、他者の声にも耳を傾けられるようになりたい。そして自分を見つめて自分の欠点から逃げない生き方をしようと思った。

要旨

1 空欄に本文中の語句を入れて、全体の要旨を整理しなさい。 思考力・判断力・表現力

フィンランドで、一緒に過ごしたチョーさんの生き方を見て、筆者は自分の生き方を考える。臆病で［ア　　　］すぎる態度で相手を怒らせないように行動する筆者に、チョーさんは「それは周りを気遣っているようで、実は［イ　　　］だ」と言う。詩人として「書くこと」に没頭し、人生のことには真剣に向き合わなかった筆者は、丁寧に自分の［ウ　　　］を見つめ、［エ　　　］の声に耳を傾け、自分なりの「［オ　　　］」生き方をしていこうと決心する。

2 右を参考にして、次の空欄に適当な語句を入れ、筆者の主張を二文でまとめなさい。

フィンランドで一緒に過ごしたチョーさんの言葉から自分のこれまでの行動は実は利己的だということに気づかされた。これからは、

［　　　　　　　　　　］

ことで「逃げない」生き方をしたい。

内容の理解

思考力・判断力・表現力

第一段落（初め〜p.52 ℓ.6）

1「私の心は焦っていた。」（五一・4）とあるが、それはなぜか。次の中から選びなさい。

ア　自分がやるはずだった仕事や交渉もチョーさんに先を越されて思うようにできなかったから。
イ　詩人として仕事の朗読を終え、詩集の評判も上々だったけれど、本当に成功したか不安だったから。
ウ　チョーさんのように現地の人と積極的にコミュニケーションを取れずに終わってしまったから。
〔　　〕

2「真剣にコミットする」（五一・11）とはどのようにすることか。次の文の空欄に本文中の言葉を入れて説明しなさい。

常に自分で〔　①　〕を判断し、できないことは「〔　②　〕」と言い、その場合でも〔　③　〕を示して、歩み寄ろうとすること。

①
②
③

3「その態度」（五三・2）とはどのような態度か。「〜ような態度。」に続く形で、二十五字以内で抜き出しなさい。

ような態度。

4 新傾向「消極的な性格ゆえに、相手に利用された経験」（五三・14）の例として適当ではないものを、次の中から選びなさい。

ア　やりたくないのに「これをお願いしたいのですが、できますよね？」と言われて断れなかった。
イ　自分が前からやりたいと思っていた仕事をお世話になった先輩にすべて譲ってしまった。
ウ　忙しいのに、相談に乗ってほしいと言われ、職場の人間関係について愚痴を長時間聞かされた。
〔　　〕

第二段落（p.52 ℓ.8〜p.56 ℓ.7）

5「『人生』の舵を取る」（五六・6）とはどういうことか、解答欄の形式に合うように十字以内で記しなさい。　脚問6

こと。

第三段落

6「変化」（五八・8）とはどのような変化か。次の中から選びなさい。

ア　自分の内側の声ばかりでなく、他者の声にも耳を傾けられるようになった。
イ　自分を否定することなく、長所である「寛容さ」を積極的に大切にできるようになった。
ウ　自分の性格を全否定せず、欠点に目を向けて反省できるようになった。
〔　　〕

第四段落（p.58 ℓ.8〜終わり）

7「他者を映す、自分という小さな湖。」（五九・10）とあるが、自分を湖にたとえた部分にこめられた筆者の気持ちについて説明した次の文の空欄に、本文中の言葉を入れなさい。

これまでのように〔　①　〕に自分の殻に閉じこもるのではなく、〔　②　〕とかかわり、自分の「〔　③　〕」と向き合うことによって、自分の人生を切り開いていこうという決意。

①
②
③

学習目標　本文の内容を捉え、「弱いロボット」の開発意図や人との関係性を読み取る。

「弱いロボット」の誕生（岡田美智男）

教科書p.72〜p.79

検印

漢字　知識・技能

1 太字の仮名は漢字に直し、太字の漢字は読みを記しなさい。

① (p.72 ℓ.2) **むぞうさ**［　　］に本を開く。
② (p.72 ℓ.2) 部屋の**すみ**［　　］で静かにする。
③ (p.72 ℓ.7) できないことを**さと**［　　］る。
④ (p.73 ℓ.16) ゴミを**ぶんべつ**［　　］する。
⑤ (p.74 ℓ.2) **ようそ**［　　］をそぎ落とす。
⑥ (p.74 ℓ.5) **たいきょく**［　　］的な性格。
⑦ (p.75 ℓ.4) **けんめい**［　　］に取り組む。
⑧ (p.75 ℓ.7) **こんなん**［　　］を共有する。
⑨ (p.75 ℓ.17) 上体を**ゆ**［　　］する。
⑩ (p.76 ℓ.7) ゴミを**けんち**［　　］する。
⑪ (p.77 ℓ.13) 距離を**ちょうせい**［　　］する。
⑫ (p.78 ℓ.2) 辞書を**さんしょう**［　　］する。
⑬ (p.78 ℓ.6) 社会的な**そうご**［　　］行為。
⑭ (p.78 ℓ.8) 人と**れんけい**［　　］し合う。
⑮ (p.72 ℓ.5) **床**〔　　〕の上に転がる。
⑯ (p.72 ℓ.10) ロボットを**無視**〔　　〕する。
⑰ (p.72 ℓ.12) 動きを**感知**〔　　〕する。
⑱ (p.73 ℓ.6) 近くの人に**委**〔　　〕ねる。
⑲ (p.74 ℓ.7) 開発**経緯**〔　　〕から考える。
⑳ (p.75 ℓ.1) **意思**〔　　〕を持った生き物。
㉑ (p.75 ℓ.16) 正体を**暴**〔　　〕こうとする。
㉒ (p.76 ℓ.2) **蹴**〔　　〕るようなしぐさをする。
㉓ (p.77 ℓ.11) **細心**〔　　〕の注意を払う。
㉔ (p.77 ℓ.12) **不用意**〔　　〕な衝突を避ける。
㉕ (p.78 ℓ.9) 子供の様子を**眺**〔　　〕める。
㉖ (p.78 ℓ.16) さまざまな**工夫**〔　　〕をする。

語句　知識・技能

1 太字の語句の意味を調べなさい。

① (p.74 ℓ.4) 利便性を**指向**する。
〔　　　　〕
② (p.77 ℓ.7) **苦肉の策**として編み出された。
〔　　　　〕
③ (p.77 ℓ.3) ゴミを集めることを**いとう**。
〔　　　　〕

2 空欄に後から適語を選んで入れなさい。

① (p.75 ℓ.4) 困って〔　　〕している姿。
② (p.75 ℓ.11) がっかりして〔　　〕と歩く。
③ (p.75 ℓ.14) 〔　　〕に遊ぶ子供たち。

（トボトボ　マゴマゴ　めいめい）

3 次の語句を使って短文を作りなさい。

① (p.74 ℓ.9) そぎ落とす
〔　　　　〕
② (p.75 ℓ.11) つかず離れず
〔　　　　〕

論理の把握　思考力・判断力・表現力

1 空欄に本文中の語句を入れて、内容を整理しなさい。

段落		内容
第一段落（初め～p.73 ℓ.2）	具体	動画の説明 自分でゴミを拾えないゴミ箱ロボットが〔ア　　〕と学生に近づいていき、少し腰をかがめる。学生がゴミを拾って入れてあげるとまた腰をかがめる。そして去っていく。
第二段落（p.73 ℓ.4～p.74 ℓ.12）	抽象	「ゴミ箱ロボット」の特徴 ①「〔イ　　〕」＝周囲の人の〔ウ　　〕を引き出して目的を達成する方略 ②「チープデザイン」＝機能を極力そぎ落としたデザイン ＝開発費を浮かすための〔エ　　〕 開発する際に期待したこと↓〔オ　　〕なデザイン…「チープなもの」 ↕ 周りとの〔カ　　〕はむしろ「リッチなもの」になる
第三段落（p.74 ℓ.13～p.75 ℓ.8）	抽象	周囲の人の助けを引き出すためには …なんらかの〔キ　　〕を持った生き物が何か懸命に〔ク　　〕としている姿を見せる ↓手助けして困難を共有し合い、いっしょに取り組もうとする
第四・第五段落（p.75 ℓ.10～p.77 ℓ.5）	具体	子供たちのいる広場へ三体のゴミ箱ロボットを連れ出す ↓子供たちはさまざまな反応を示すが、ゴミを投げ入れる子供が出ると、ほかの子供たちも〔ケ　　〕する その姿には「〔コ　　〕」感じはなくむしろ楽しんでいるようである
第六段落（p.77 ℓ.7～p.78 ℓ.8）	抽象	「ゴミ箱ロボット」には〔サ　　〕の機能はないが子供たちには衝突しない 〔理由〕ロボットが〔シ　　〕を相手からも参照可能にしているから
第七段落（p.78 ℓ.9～終わり）	具体	ある女の子の工夫↓三つのゴミ箱を活用し、〔ス　　〕を他の子供たちに指示…子供たちの工夫をも引き出した

要旨　思考力・判断力・表現力

1 空欄に本文中の語句を入れて、全体の要旨を整理しなさい。

「弱いロボット」の第一の特徴は、従来の「〔ア　　〕な行為方略」に対し、周りの人の助けを借りて〔イ　　〕を達成しようとする「〔ウ　　〕な行為方略」といえる。第二の特徴は、デザインも機能も予算も「〔エ　　〕なもの」でありながら周りとの関係性はむしろ「〔オ　　〕なもの」である点である。また、〔カ　　〕に取り組もうとする姿を見せること、自らの状況や意思を〔キ　　〕にしておくことで、思いやりを引き出し、共同行為が生み出される。

2 右を参考にして、次の空欄に適当な語句を入れて筆者の主張を二文でまとめなさい。

ゴミ箱ロボットは、デザインも機能も「チープなもの」であるが、周りとの関係性は「リッチなもの」となっている。ゴミ箱ロボットと周りとの共同行為を生み出すためのポイントは、

〔　　　　　　　　〕

内容の理解

思考力・判断力・表現力

第一段落（初め～p.73 ℓ.2）

1 **「少し腰をかがめてみる。」**（七三・8）**というロボットの動作は、状況に応じて二通りの意味合いに解釈されている。本文中からそれぞれ抜き出しなさい。**

〔　　　　〕

〔　　　　〕

第二段落（p.73 ℓ.4～p.74 ℓ.12）

2 **「『ゴミ箱ロボット』の特徴」**（七三・4）**を次から二つ選びなさい。**

ア　スマートで低予算かつ、利便性を追求したデザイン方略をとっている。

イ　従来の「足し算のデザイン」ではなく「引き算としてのデザイン」を指向して、「個体能力主義的な行為方略」をとっている。

ウ　機能を極力そぎ落とした「ミニマルなデザイン」。

エ　低予算のためローテクになってしまったが、動くゴミ箱ロボットとしての機能はすべて備わっている。

オ　ローテクであっても周囲の人の助けを借りてきちんとゴミを拾い集めるという目的を果たしている。

〔　　〕〔　　〕

3 **「関係論的な行為方略」**（七三・10）**とはどのようなものか。次の文の空欄にあてはまる語句を本文中から抜き出して答えなさい。**

自分だけの力ですべてを解決しようとする〔　①　〕な行為方略に対して、周囲の人から〔　②　〕を引き出すことによって〔　③　〕を果たそうとするもの。

①

②

③

第二段落（p.73 ℓ.4～p.74 ℓ.12）

4 **「足し算のデザイン」**（七四・5）**とはどのようなものか。本文中の語句を用いて三十字以内で説明しなさい。**

第三段落（p.74 ℓ.13～p.75 ℓ.8）

5 **「わたしたちの手助けを思わず引き出してしまうような場」**（七四・13）**は何によって生まれるか。次から選びなさい。**

ア　他者からコミュニケーションを提示されることによって、何らかの責任感が生じる状況。

イ　単なるモノであるロボットが、困難に立ち向かって懸命に努力している姿が見受けられる状況。

ウ　何らかの意思を持った生き物が、何か懸命に取り組もうとする姿を見せている状況。

〔　　〕

第四段落（p.75 ℓ.10～p.76 ℓ.3）

6 **「この風景はなかなかのものだ。」**（七五・11）**とあるが、どういうことをいっているのか。次から選びなさい。**

ア　ゴミ箱ロボットたちが広場の中でトボトボと歩く風景が、日常生活の中に「非日常性」を作り上げていること。

イ　ゴミ箱ロボットたちが広場の中でトボトボと歩く風景が、子供たちに「非日常性」を意識させていること。

ウ　ゴミ箱ロボットたちが広場の中でトボトボと歩く風景が、子供たちの好奇心を刺激してさまざまな行動を喚起すること。

〔　　〕

第五段落 (p.76 ℓ.4~p.77 ℓ.5)

7 「そんな姿」(七七・2) とは、何の、どのような姿か。本文中の語句を用いて説明しなさい。

〔　　　　〕

第六段落 (p.77 ℓ.7~p.78 ℓ.8)

8 「そうした心配」(七七・14) の内容を次から選びなさい。

ア　衝突回避機能を備えていないゴミ箱ロボットが、子供たちに衝突して怪我をさせてしまうのではないかという心配。

イ　不用意な衝突を避けるために細心の注意を払っていても、衝突してロボットが壊れてしまうのではないかという心配。

ウ　衝突回避するためのさまざまな装置や技術が役に立たずに、結局子供たちに衝突してしまうのではないかという心配。

〔　　〕

9 「自らの状況を相手からも参照可能なように表示しておく」(七八・2) とはどうすることか。本文中から四十五字以内で抜き出し、初めと終わりの五字で答えなさい。(記号は字数に含める)

□□□□□ ～ □□□□□

10 「ロボットからの社会的表示と子供たちの思いやりが連携し合う」(七八・7) とは、どういうことか。次の文の空欄にあてはまる語句を本文中から抜き出して答えなさい。 脚問7

ロボットがヨタヨタ進む姿は、「こちらの方向に進んで〔①〕を集めたい」という意思表示であり、それは子供たちのぶつからないで関わろうとする〔②〕を引き出し、結果として〔③〕という社会的な相互行為が達成できていること。

第六段落 (p.77 ℓ.7~p.78 ℓ.8)

①

②

③

第七段落 (p.78 ℓ.9~終わり)

11 「子供たちの工夫」(七八・16) とは、どのようなことか。本文中の語句を使って二十五字以内で説明しなさい。

全体

12 新傾向 「弱いロボット」の開発意図について生徒たちが話し合っている。本文の趣旨に沿った発言をしている生徒を答えなさい。

生徒A：人の助けを借りたり、高価な機能をなくしたりして、周囲の人々との関係性を豊かにしつつ低予算でロボットを作ろうとしているってことだよね。

生徒B：低予算で開発できたのは結果論だよ。本来の、ゴミを拾い集めるという目的のほかに、子供たちの思いやりや創意工夫の力を育てるという教育効果もねらっているんだよ。

生徒C：子供たちの思いやりや、ゴミの分別に関する創意工夫は想定外で、本来は低予算でローテクのロボットを開発しようという意図だけだったと思うけど。

生徒〔　　〕

学習目標 問いかけと答えの関係を理解し、筆者が考える仕事の本質を読み取る。

人はなぜ仕事をするのか（内田樹）

教科書p.80～p.86

検印

漢字

1 太字の仮名は漢字に直し、太字の漢字は読みを記しなさい。 知識・技能

（p.80 ℓ.3）① **ろうどう**［　　］の対価を得る。
（p.80 ℓ.7）② **きちょう**［　　］な時間。
（p.81 ℓ.2）③ パスされる**きたい**［　　］。
（p.81 ℓ.8）④ 日本が**はさん**［　　］する。
（p.81 ℓ.9）⑤ 日本銀行**けん**［　　］で買う。
（p.82 ℓ.7）⑥ 運動を**けいぞく**［　　］する。
（p.82 ℓ.14）⑦ モノと**こうかん**［　　］可能。
（p.82 ℓ.16）⑧ 行動**はんけい**［　　］が広い。
（p.83 ℓ.6）⑨ **やさい**［　　］がとれる。
（p.83 ℓ.12）⑩ 大量に**さいばい**［　　］する。
（p.83 ℓ.14）⑪ 広い**はんい**［　　］にわたる。
（p.83 ℓ.17）⑫ **こうりつ**［　　］のよい道具。
（p.85 ℓ.4）⑬ **しりょ**［　　］がない。
（p.85 ℓ.9）⑭ **たさい**［　　］で予測不能。
（p.80 ℓ.2）⑮ お金を**稼**〔　　〕ぐ。
（p.80 ℓ.3）⑯ 一万円の**紙幣**〔　　〕。
（p.81 ℓ.3）⑰ 言った**瞬間**〔　　〕。
（p.81 ℓ.15）⑱ 貨幣が**流通**〔　　〕する。
（p.81 ℓ.16）⑲ **幻想**〔　　〕を共有する。
（p.82 ℓ.2）⑳ **既成**〔　　〕事実。
（p.82 ℓ.3）㉑ **不可思議**〔　　〕な存在。
（p.82 ℓ.14）㉒ 二者を**隔**〔　　〕てる違い。
（p.83 ℓ.4）㉓ 決定的な**飛躍**〔　　〕。
（p.83 ℓ.12）㉔ **貧富**〔　　〕の差が発生する。
（p.83 ℓ.14）㉕ **迅速**〔　　〕に広まる。
（p.84 ℓ.5）㉖ **冒頭**〔　　〕の問いに戻る。

語句

1 太字の語句の意味を調べなさい。 知識・技能

（p.80 ℓ.3）① **対価**として得た一万円。〔　　〕
（p.84 ℓ.2）② 進化の**帰結**である。〔　　〕
（p.84 ℓ.11）③ くるくる**こづき回す**。〔　　〕

2 次の空欄に適当な漢字一字を入れて対義語を作りなさい。

（p.83 ℓ.17）① 加速 ↕ 〔　〕速
（p.84 ℓ.2）② 進化 ↕ 〔　〕化
（p.85 ℓ.9）③ 攻撃 ↕ 防〔　〕

3 次の語句を使って短文を作りなさい。

（p.84 ℓ.8）① ～に即して〔　　〕
（p.84 ℓ.11）② ～にかなっている〔　　〕

論理の把握

思考力・判断力・表現力　▼学習一

1 空欄に本文中の語句を入れて、内容を整理しなさい。

第一段落（初め～p.82 ℓ.2）

大きな問題提起

「人はなぜ仕事をするのか。」…一般的な答え…〔ア　　　〕ため

→小さな問い①…「一万円の紙幣には『モノとしての価値』はあるか?」

小さな答え①…モノとしての価値はない（＝ただの紙切れ）

→小さな問い②…「なぜその紙切れを得るために働いたのか?」

小さな答え②…お金で〔イ　　　〕のあるさまざまな物を買えるから

（つまり）

→貨幣の価値は「誰かにパスできる〔ウ　　　〕」の上に成り立つ

第二段落（p.82 ℓ.3～p.84 ℓ.4）

小さな問い③…「なぜ貨幣は存在（流通）しているのか?」

さらに小さな問い…「そもそも貨幣の本質とは何か?」

さらに小さな答え…運動を〔エ　　　〕させること

現生人類の祖であるクロマニョン人は、〔オ　　　〕したいために、

「必要以上に」採集や栽培を行った。

→小さな答え③…私たち現生人類は、モノが大量かつ迅速かつ広範囲に交換されることが好きで好きでたまらず、交換を〔カ　　　〕よく行うために貨幣形態を進化させた。

第三段落（p.84 ℓ.5～終わり）

大きな答え

仕事の本質とは「他者を目ざして、パスを出す」ことであり、

それは他者を目ざす〔キ　　　〕のうちにある。

要旨

思考力・判断力・表現力

1 空欄に本文中の語句を入れて、全体の要旨を整理しなさい。

貨幣自体に〔ア　　　〕はないのに、人はお金を稼ぐために仕事をする。それは〔イ　　　〕に価値があると思ってほかの人が受け取ってくれることで、貨幣に価値が発生するからだ。貨幣の本質は、〔ウ　　　〕の継続にある。これは、現生人類がモノを大量かつ〔エ　　　〕かつ広範囲に〔オ　　　〕するのを求めたことと一致する。人間が仕事をするのもお金を稼ぐのも、〔カ　　　〕を目ざしてモノをくるくる動かしたいからである。つまり仕事の本質は他者を目ざす〔キ　　　〕のうちにある。

2 右を参考にして、次の空欄に適当な語句を入れて筆者の主張を三文でまとめなさい。

貨幣の本質は運動を継続させることにある。人間が仕事をするのもお金を稼ぐのも、他者を目ざしてモノをくるくる動かしたいからである。つまり、仕事の本質は〔　　　　　　〕

内容の理解

思考力・判断力・表現力

第一段落（初め〜p.82 ℓ.2）

1 「一万円の紙幣」（八〇・3）が貨幣として成り立つのはなぜか。次から選びなさい。

ア　自分が貴重な時間を費やして手に入れた報酬だから。

イ　欲しい物があるときに買い物ができるから。

ウ　一万円の価値を認めて受け取ってくれる人がいるから。

〔　　〕

2 「貨幣それ自体には何の価値もない。」（八〇・10）について、説明した次の文の空欄にあてはまる語句を本文中から抜き出して答えなさい。

一万円札に〔①　〕があるのは、誰かが「〔②　〕の価値がある」と思って受け取ってくれるからであって、紙幣そのものは単なる〔③　〕にすぎず、〔④　〕として使用するうえでの価値はないということ。

①〔　　〕　②〔　　〕　③〔　　〕　④〔　　〕

3 「それ」（八〇・11）がさしている語句を本文中から抜き出しなさい。

〔　　〕

4 「『期待』の上に初めて貨幣は貨幣として成り立つ」（八一・2）とあるが、これはどういうことか。次から選びなさい。 ▼脚問2

ア　貨幣に一万円の価値があるのは、一万円でいろいろなものを購入したいという願いがこめられているからだということ。

第一段落（初め〜p.82 ℓ.2）

イ　「パス」の途中で貨幣を受け取らない人が現れると、貨幣は価値がなくなる仮想の存在だということ。

ウ　たとえ国家が破産しても、経済的には救済されて貨幣の流通は保証されるということ。

〔　　〕

5 「ただの紙切れ」（八一・5）を言い換えた言葉を、本文中から漢字三字で抜き出しなさい。

〔　　〕

6 「同じこと」（八一・8）とはどういうことか。十字以内で答えなさい。

〔　　〕

7 「どんなものでも貨幣になり得る」（八二・1）のはなぜか。次から選びなさい。

ア　貨幣はそれ自体無価値であっても、使用する人々がいつでもモノと交換できるという幻想を共有していればよいから。

イ　貨幣はどんな材質で作られていても、一万円の貨幣には一万円のモノとしての価値がもともと備わっているから。

ウ　貨幣は政府が発行したものなので、どんな種類であってもいつでも貨幣として流通できることになっているから。

〔　　〕

第二段落

8 「貨幣の本質」（八二・5）とは何か。次から選びなさい。

ア　国家が破産してもモノの購買が可能であること。

イ　流通するのであればどんな材質でも貨幣になること。

ウ　貨幣を用いて人から人へモノを動かして渡し続けること。

〔　　〕

第二段落（p.82 ℓ.3〜p.84 ℓ.4）

9 **「交換が欲望を生み、必要を生んだ」**（八三・4）**とあるが、これを説明した次の文章の空欄にあとの語群から適当な語を選んで入れなさい。**

クロマニョン人は物を〔 ① 〕したかったので、必要以上に〔 ② 〕や栽培を行った。その結果、労働や〔 ③ 〕、貧富の差、〔 ④ 〕が発生し、〔 ⑤ 〕が生まれたのである。

ア 階級　イ 国家　ウ 採集　エ 交換　オ 分業

①〔　　〕 ②〔　　〕 ③〔　　〕 ④〔　　〕 ⑤〔　　〕

10 **「これが逆なのだ。」**（八三・8）**とあるが、どういう行動を「逆」と述べているか。次から選びなさい。**

ア クロマニョン人はネアンデルタール人より広範囲で交換したこと。

イ クロマニョン人は交換がしたかったので必要以上に収穫を行ったこと。

ウ クロマニョン人は必要に応じてモノを交換する機会を持つようになったこと。

〔　　〕

11 **「交換を加速」**（八三・17）**した結果、具体的にどのような方法に行き着いたか。解答欄の形式に合うように、本文中から二十字以内で抜き出しなさい。**

〔　　〕方法。

第二段落

12 **「それが可能な商品」**（八四・3）**とあるが、何が可能なのか。次から選びなさい。**

ア 貨幣以外のモノどうしを交換すること。

イ お店に行かなくてもモノを購入すること。

ウ パソコンで買いたいモノの細部を確認すること。

〔　　〕

13 **人間が「お金を稼ぐことを望む」**（八四・9）**のはなぜか。次から選びなさい。**

ア お金を得ることはモノを動かしたことの証拠だから。

イ 稼いだお金を自己実現のために使うことができるから。

ウ お金を得れば、出世したことの証明となるから。

〔　　〕

第三段落（p.84 ℓ.5〜終わり）

14 **「本質的には変わらない」**（八五・1）**とあるが、何が変わらないのか。二十五字以内で答えよ。** ▼脚問5

〔　　〕

15 **「貨幣の意味も市場の意味も知らない人間の寝言」**（八五・5）**とあるが、何に対してこう述べているのか。次から選びなさい。**

ア 営業成績を上げたり、よいパフォーマンスを見せたりしたいと願うこと。

イ 仕事は自分のためにするものだと思い込むこと。

ウ 絶妙なパスを次のプレーヤーに出したいと思うこと。

〔　　〕

学習目標　イースター島の歴史を理解し、そこから導かれる筆者の主張を読み取る。

イースター島になぜ森がないのか（鷲谷いづみ）

教科書p.88～p.94

検印

漢字

知識・技能

1 太字の仮名は漢字に直し、太字の漢字は読みを記しなさい。

- ① 状況を**ぶんせき**〔　〕する。（p.88 ℓ.4）
- ② 自然を**はかい**〔　〕する。（p.88 ℓ.9）
- ③ **かんきょう**〔　〕学の教科書。（p.88 ℓ.10）
- ④ 史料を**ふくげん**〔　〕する。（p.89 ℓ.3）
- ⑤ 島に**とうちゃく**〔　〕する。（p.89 ℓ.15）
- ⑥ 漁業に**じゅうじ**〔　〕する。（p.90 ℓ.12）
- ⑦ 高い技術を**ほこ**〔　〕る。（p.90 ℓ.14）
- ⑧ **すいてい**〔　〕七千人の人口。（p.91 ℓ.6）
- ⑨ **じゅんちょう**〔　〕に育つ。（p.91 ℓ.13）
- ⑩ 食料の**きょうきゅう**〔　〕。（p.91 ℓ.16）
- ⑪ **ばくはつ**〔　〕的な増加。（p.92 ℓ.3）
- ⑫ 現状を**いじ**〔　〕する。（p.92 ℓ.6）
- ⑬ 数が**げんしょう**〔　〕する。（p.92 ℓ.16）
- ⑭ **かこく**〔　〕な運命に耐える。（p.93 ℓ.2）
- ⑮ **配慮**〔　〕が足りない。（p.88 ℓ.8）
- ⑯ **前人未踏**〔　〕の島。（p.89 ℓ.6）
- ⑰ 鳥類が**生息**〔　〕する。（p.89 ℓ.8）
- ⑱ 航海中の**糧**〔　〕とする。（p.89 ℓ.15）
- ⑲ 祖先を**敬**〔　〕う。（p.90 ℓ.10）
- ⑳ 彫刻を**施**〔　〕す。（p.90 ℓ.10）
- ㉑ 森林が**犠牲**〔　〕となる。（p.90 ℓ.11）
- ㉒ 大事な役割を**担**〔　〕う。（p.90 ℓ.12）
- ㉓ 丸木船を**操**〔　〕る。（p.90 ℓ.17）
- ㉔ 街が**繁栄**〔　〕する。（p.91 ℓ.9）
- ㉕ 更新を**妨**〔　〕げる。（p.92 ℓ.1）
- ㉖ 生態系を**損**〔　〕なう。（p.93 ℓ.1）

語句

知識・技能

1 太字の語句の意味を調べなさい。

- ① 重要な**教訓**として受け取られる。（p.88 ℓ.7）〔　〕
- ② **ポピュラー**な話題となっている。（p.88 ℓ.11）〔　〕
- ③ **新天地**にたどり着く。（p.90 ℓ.2）〔　〕

2 次の空欄に適語を入れなさい。

- ① またたく〔　〕に全島に広がる。（p.89 ℓ.16）
- ② 〔　〕尽蔵ともいえる海鳥のコロニー。（p.91 ℓ.2）

3 次の語句を使って短文を作りなさい。

- ① 天敵（p.89 ℓ.16）〔　〕
- ② ささいな（p.90 ℓ.2）〔　〕

論理の把握

1 空欄に本文中の語句を入れて、内容を整理しなさい。 思考力・判断力・表現力 ▼学習一

第一段落（初め～p.89 ℓ.4）	第二段落（p.89 ℓ.6～p.90 ℓ.14）	第三段落（p.90 ℓ.16～p.92 ℓ.16）	第四段落（p.92 ℓ.17～終わり）
「イースター島の教訓」とは	イースター島がかつて栄えた理由	イースター島から森が消えた理由	結論

花粉分析と〔ア　　〕によって明らかにされた

「イースター島の教訓」

「人と生態系の関係」史

ポリネシア人が初めてイースター島にやってきたとき、島はヤシ類の〔イ　　〕で覆われていた

→ 人が森林を切り開いた

〈理由①〉〔ウ　　〕のため丸木船建造の木材を切り出した

〈理由②〉宗教的・文化的な目的で、〔エ　　〕を運ぶため森林を犠牲にした

文明が繁栄し、〔オ　　〕年ごろには島の人口が七千人に達した

森林が切り尽くされた

人が島に持ち込んだ〔カ　　〕が爆発的に増加し、〔キ　　〕が食べ尽くされた

人がもたらした生態系への影響で、島の森林が破壊された

↓

〔ク　　〕年に初めてヨーロッパ人がこの島を訪れたとき、島は深刻な食料不足に陥っていた

健全な生態系が損なわれると、人間は悲惨で過酷な運命に見舞われる

イースター島の人々は〔ケ　　〕の幸せには心を配らなかった

人類の存続のためには、〔コ　　〕という倫理を支える文化を早急に築くことが必要である

要旨

1 空欄に本文中の語句を入れ、主題を整理しなさい。 思考力・判断力・表現力

イースター島の歴史は、〔ア　　〕への無配慮が生んだ〔イ　　〕の例として重要な〔ウ　　〕だ。入植者たちは、〔エ　　〕にするため、〔オ　　〕の建造のため、宗教文化に使う〔カ　　〕の運搬のために森林を伐採した。また、〔キ　　〕がヤシの実を食べ尽くしたため、森林は破壊され〔ク　　〕や〔ケ　　〕減少を招いた。自然を過剰利用し〔コ　　〕を損なうと悲惨で過酷な〔サ　　〕が待っている。人類の存続のために、〔シ　　〕という倫理を支える文化を早急に築くべきだ。

2 右を参考にして、次の空欄に適当な語句を入れて筆者の主張を三文でまとめなさい。

イースター島の歴史は、地球と人類の将来について真剣に考える人々の間では重要な教訓である。自然を過剰利用し生態系を損なうと、悲惨で過酷な運命が待っている。今後の人類の存続のために、〔　　　　〕

内容の理解

思考力・判断力・表現力

第一段落（初め～p.89 ℓ.4）

1 「このポリネシアの小さな島の歴史について花粉分析と考古学が明らかにしたこと」（八八・3）を以下の二点にまとめた。空欄にあてはまる語句を本文中から抜き出して答えなさい。

・前工業化時代に、〔 ① 〕に対する無配慮から、〔 ② 〕が引き起こされた。

・今は森林のないイースター島は、ポリネシア人が初めて入植した〔 ③ 〕ごろには、全島が森林に覆われていた。

①〔　　　〕
②〔　　　〕
③〔　　　〕

第二段落（p.89 ℓ.6～p.90 ℓ.14）

2 「初めてその前人未踏の島を見たとき」（八九・6）とあるが、なぜ「前人未踏」だったのか。解答欄の形式に合うように、本文中から四十五字以内で抜き出し、初めと終わりの五字で答えなさい。

〔　　　　　〕～〔　　　　　〕から。

3 「ラットの子孫が、やがてともに島にたどり着いたポリネシア人たちの子孫と島の生態系に大きな災禍を及ぼすことになる」（八九・17）とあるが、その理由として適当なものを次から選びなさい。

ア　ラットが生態系のバランスを崩してしまい、近海の魚が捕れなくなったから。

イ　巨大な石像モアイの製作に大量の食料が必要になり、ラットと食料を奪い合うことになったから。

ウ　ラットたちがヤシの実を食べ尽くしてしまい、新しい木が芽生えて育つことができなかったから。〔　〕

第二段落（p.89 ℓ.6～p.90 ℓ.14）

4 ポリネシア人がイースター島の森林を伐採した理由として、適当でないものを、次から二つ選びなさい。

ア　権力者が、自分の家を建てる木材として、多くの太い木を伐採した。

イ　農地にするために森を切り開いた。

ウ　巨石を用いる宗教文化のため、切り出した巨石を運ぶ際に森林を犠牲にした。

エ　他の民族との争いのため、多くの木材を切り出して武器を作った。

オ　漁のための丸木船を建造するために木材を切り出した。

〔　〕〔　〕

5 「巨石文化」（九〇・14）と同じものを表している語句を、本文中から二十五字以内で抜き出しなさい。

〔　　　　　　　　　　〕

第三段落

6 イースター島から森林が消えた理由として適当なものを、次から二つ選びなさい。

ア　おびただしい数の鳥類の生息。

イ　ヒトによる森林の伐採。

ウ　高度な技術を誇る巨石文化の繁栄。

エ　ラットがもたらした生態系への影響。〔　　〕

第三段落（p.90 ℓ.16〜p.92 ℓ.16）

7「繁栄は決して長くは続かなかった」（九一・9）理由は何か、次から選びなさい。〔　　〕

ア　恵まれた自然によってもたらされた文明が、生態系の健全さを失わせてしまったから。

イ　高度な技術や文明を持っていても、生態系を変えるだけの知恵のはたらきがなかったから。

ウ　宗教文化を盛んにするための技術が、生態系を再生する力とはなりえなかったから。

8「農業生産がふるわない」（九二・12）とあるが、その理由として適当なものを次から選びなさい。〔　　〕

ア　イースター島は、もともと全島が森林に覆われていたので、農業には適さない土地だったから。

イ　森の木が切り尽くされた結果として引き起こされた土壌流亡によって畑は痩せ細っていたから。

ウ　島では部族間の争いが絶えず、落ち着いて農業をする環境ではなかったから。

9「人口も、すでに往時の三分の一にまで減少していた。」（九二・15）とあるが、「往時」とはいつのことか、書きなさい。▼脚問2

〔　　〕

10「イースター島の教訓」（九二・17）とは、何か。第四段落より抜き出し、初めと終わりの五字で答えなさい。

〔　　〕〜〔　　〕

第四段落（p.92 ℓ.17〜終わり）

11 新傾向▶ 筆者が述べる「数世代後の子孫の幸せを願う文化」（九三・8）の例として適当でないものを、次から選びなさい。〔　　〕

ア　有毒な廃棄物を、海や川に流さないようにする文化。

イ　漁業資源の減少を防ぐため、乱獲を禁止する文化。

ウ　石油などの化石燃料を制限なく採掘し続ける文化。

12「持続可能性という倫理を支える文化」（九三・10）について説明した次の文の空欄にあとの語群から適当な語を選んで入れなさい。▼学習四

現在の人間が自然から得ている〔①　〕を、数世代後の〔②　〕まで持続的に得られるように、〔③　〕への配慮を行う文化。

a　祖先　　b　子孫　　c　生態系

d　伝統文化　　e　試練　　f　恩恵

①〔　　〕　②〔　　〕　③〔　　〕

全体

13 筆者の考えと合致するものを、次から選びなさい。〔　　〕

ア　高度の資源利用による生態系の崩壊は、人類の歴史では繰り返し起こっていることで、しかたのないことである。

イ　人類が生きていくためには、将来を見通した健全な生態系を意識する社会を創らなければならない。

ウ　健全な生態系の持続を最優先させるためには、自然開発を徹底して停止する以外に方法はない。

学習目標 人間活動が生態系に影響を与えている別の例を読んで、人間と生態系との関係を考える。

活動 「誰が北米大陸の生態系を変えたのか」との読み比べ

教科書p.88〜p.94

検印

「イースター島になぜ森がないのか」の筆者が北米大陸の生態系崩壊について述べた次の文章を読んで、後の問いに答えなさい。

誰が北米大陸の生態系を変えたのか

鷲谷いづみ

ネイティブ・アメリカンの森

近代から現代にかけて最も急激な生態系崩壊を経験し、またそれを対象とした環境史的な分析がさかんに行われている地域は、アメリカ合衆国東部をおいてほかにはない。そのような研究の中から、①開拓に伴う生態系の変遷と、先住民の文化と植民者たちの西欧文化という異なる二つの文化の対立が、生態系の利用のあり方や、それがもたらした帰結とどのような関連にあったのかという点についての認識が深まりつつある。

英国人の入植者たちが*プリマスのコロニーにやってきたのは、一六二〇年である。そのころの北アメリカの東部は、多くの野生動物が生息する深い「原生林」に覆われていた。しかし、入植者たちを圧倒した暗く深い森は、実は決して原生的な森林というようなものではなかった。その当時の森林は、すでにアメリカ先住民たちの生活活動の影響を強く受けていたからである。

先住民が北アメリカの東部に入ってきたのは、*メイフラワー号の到着から遡ることはるか昔、今から一万五〇〇〇年ほど前のことであると推測されている。それはちょうど最終氷期が終わり、氷河が北に向かって後退し始めたころである。それからしばらく後の一万八〇〇〇〜一万年前ごろに、マストドン、マンモス、オオアリクイなどのマクロファウナと総称される大型の哺乳類や、それらを餌食《えじき》としていたサーベルタイガーなどがいっせいに絶滅したことが、古生物学の研究から明らかにされている。この大量絶滅に先住民がどのくらい関わったかについては論争のあるところだが、これら大型哺乳類の絶滅には、先住民による狩猟、気候の変動、病気、あるいはそれらの組み合わせが関与したと推測されている。

マクロファウナの動物たちの絶滅に先住民たちが大きく関わったと考える研究者は、狩猟に加えて、火を使って植生を管理したことの影響を重視している。それが哺乳動物の絶滅要因としてどのくらい重要であったのか、その確かなところはわからないが、先住民は、焼き畑農業のために森林を切り開いただけでなく、キイチゴ類の豊富なギャップ（森の中の空き地）を作るために森林を部分的に焼き、森林植生に相当大きな変化をもたらしたと推測されている。

しかし、自然の落雷などによる山火事と、先住民が意識的に起こした火事は、頻度や規模においてどのくらい異なるものなのだろうか。先住民が作ったギャップがシカ類にとって餌の豊富な格好の生息場所となったため、北アメリカの森林地帯に先住民が移動してきたことによって、シカの個体数の増加がもたらされたと推測されている。けれども先住民たちは、広大な面積にわたって森林を切り開いたり、その後に異なる樹種の木を植林したりするようなことはしなかった。したがって、ヨーロッパ人の入植者がもたらしたあまりにも大きな変化に比べれば、先住民たちのもたらした影響は取るに足らないものであったとも言える。

先住民は部族ごとに移動しながら森を切り開き、農耕（移動耕作）と狩りを営んだ。再び同じ場所に戻ってくるころには、切り開かれた森は完全に蘇っており、地力*も耕作が可能なまでに回復していたであろう。先住民は、狩りと移動耕作の両方を通じて生態系にたしかに影響を及ぼしたが、それらは規模も小さく、またそこでもたらされる変化は可逆的なものであった。先住民がその生産と生活のために森を切り開いて作った空き地は、森の中に自然に生成するギャップよりは規模が大きかったかもしれないが、当時の広大な森林面積からいえば、それほど問題にはならない程度のものであった。しかも、周囲に豊かな森林が広がっている限り、ギャップが再び森林に戻るために必要な種子などが周りの森林から無尽蔵に供給されるため、森の回復は早く、それが失われるようなことはなかったと考えられる。

ヨーロッパ人はいかに森を破壊したか

しかし、ヨーロッパからの入植者は、商品として価値の高い材木、毛皮、魚および換金作物を得るために、先住民とは全く異なる規模とやり方で、生態系を徹底的に利用した。大量の木材をとるために広大な面積にわたって森林を切り開き、その跡地を定住農業のための農地とした。そのため、移動農業と狩猟の時代を通じて北アメリカ東部のほぼ全域を覆っていた森林は、急速に面積を縮小していった。地域によって森林の面積そのものは変わらない場所があったとしても、それは植林がなされた結果であり、樹種は全く別のものに変えられてしまっている。入植者たちが行った大規模な開拓の結果、一九世紀中にこの地域からは、オオカミ、クマ、クーガー、ビーバーなどが絶滅してしまった。

移動農業においては、森の中の小規模な農地は、作物を生産し終えると自然に森に戻るに任される。一方、定住農業では、農地は農地としての永続性を追求される。しかし、地力の衰えや土壌浸食が深刻化して、多くの農地が再び放棄された。その後、植林などを経て、いったん農地になったところが見かけ上は森林に戻ったところも少なくない。しかし、その森林は、優先する樹種がかつての森林とは全く異なる別のタイプの森林であった。

先住民の営みにおいては、森林の一部に食料を調達するための人為的なギャップが作られたとしても、そのギャップは、自然のギャップと同じように時間がたつと森林に戻っていったのである。したがって、同じ森林が持続し、森林に依存する人々の生産と生活も持続性の高いものでありえたのである。しかし、入植者の生態系の利用のしかたは、同じ森林の存続を許すようなものではなく、短期間のうちに生態系は別の生態系へと変えられた。

（『生態系を蘇らせる』日本放送出版協会　二〇〇一）

語注

＊プリマス…アメリカ・マサチューセッツ州にある小都市。イギリスの入植者たちがアメリカ大陸に上陸した場所に建設した。

＊メイフラワー号…イギリスのピューリタン（清教徒）たちが本国での迫害から逃れるため、この船に乗り大西洋を渡った。

＊地力…その土地が持っている、作物を生育させる力。生産力。

内容の理解

思考力・判断力・表現力

1 傍線部①「開拓に伴う生態系の変遷」について、次の問いに答えなさい。

(1) 先住民（ネイティブ・アメリカン）が北米大陸の生態系に与えた影響をまとめた次の文章の空欄に、「ネイティブ・アメリカンの森」から適切な語句を抜き出して入れなさい。

先住民たちが北アメリカの東部に入ってきたのは、今から〔　①　〕ほど前のことと推測されている。彼らは〔　②　〕のため、キイチゴ類の豊富なギャップを作るために森林を部分的に焼き、森林植生に変化をもたらしたと推測される。彼らは切り開いた森で移動耕作と〔　③　〕を営んだ。その営みは生態系に影響を及ぼしたが、そこでもたらされる変化は〔　④　〕なものであった。

①〔　　　　〕　②〔　　　　〕

③〔　　　　〕　④〔　　　　〕

(2)「ヨーロッパ人はいかに森を破壊したか」に書かれている、ヨーロッパからの入植者が北米大陸で行ったことや生態系に与えた影響として適切なものを次からすべて選びなさい。

ア　商品として価値の高い材木、毛皮、魚および換金作物を得るため生態系を利用した。

イ　大量の木材をとるために広大な面積にわたって森林を切り開き、その跡地を定住農業のための農地とした。

ウ　入植者たちと先住民たちが激しく争い、戦闘によって広大な土地が荒廃した。

エ　定住農業によって地力の衰えや土壌浸食が深刻化して、多くの農地が放棄された。

オ　農業に機械を使用したため、大気汚染が深刻化した。

カ　大規模な開拓の結果、一八世紀中にこの地域からは、オオカミ、クマ、クーガー、ビーバーなどが絶滅してしまった。

キ　入植者の生態系の利用のしかたは、森林の存続を許すものではなく、短期間のうちに生態系を別の生態系へと変えてしまった。

〔　　　　〕

2 本文と「イースター島にはなぜ森がないのか」を読んだ五人の生徒が、共通点や相違点について話をしている。適切な発言をしているのは誰か。次から選びなさい。

生徒A：どちらも、ヨーロッパ人がその地を訪れているね。ヨーロッパ近代思想における、自然は人間の支配する対象であるという考え方が生態系を破壊することを示しているね。

生徒B：北米大陸の場合は、ネイティブ・アメリカンのほうがヨーロッパ人よりも激しく生態系を破壊したことがわかったよ。

生徒C：どちらも、目先の生活のために森林を破壊したんだよね。未来や持続可能性を考えなかった結果が生態系の破壊なんだと思う。

生徒D：どちらも、木を伐採した後に、きちんと植樹しなかったのがよくなかったね。

生徒E：ネイティブ・アメリカンのような生活をしていたら、生態系にはまったく影響がなくていいな。

生徒〔　　　　〕

活動　「誰が北米大陸の生態系を変えたのか」との読み比べ

学習目標　本文の論展開を捉え、筆者の考える未来像を読み取る。

「材料科学」のゆくえ（佐藤健太郎）

教科書p.95～p.102

検印

漢字　知識・技能

1 太字の仮名は漢字に直し、太字の漢字は読みを記しなさい。

- p.95 ℓ.4　① ほんの**ひとにぎ**（　　）り。
- p.95 ℓ.11　② **しれん**（　　）を乗り越える。
- p.96 ℓ.10　③ ガラス製の**せんい**（　　）。
- p.97 ℓ.2　④ **ちょうえつ**（　　）した。
- p.97 ℓ.14　⑤ **じっしょう**（　　）される。
- p.98 ℓ.1　⑥ **ぎじゅつ**（　　）的なハードル。
- p.98 ℓ.3　⑦ **とりょう**（　　）で着色する。
- p.98 ℓ.4　⑧ あらゆる**しきさい**（　　）。
- p.98 ℓ.9　⑨ **とくしゅ**（　　）な材料。
- p.99 ℓ.5　⑩ シェアを**うば**（　　）う。
- p.99 ℓ.8　⑪ 電池が**れっか**（　　）する。
- p.100 ℓ.1　⑫ 王が**くんりん**（　　）する。
- p.100 ℓ.6　⑬ 真価を**はっき**（　　）する。
- p.101 ℓ.8　⑭ **こうてつ**（　　）よりも強い。
- p.95 ℓ.9　⑮ 環境**負荷**〔　　〕が低い。
- p.96 ℓ.8　⑯ 速さを**切望**〔　　〕する。
- p.97 ℓ.6　⑰ **微細**〔　　〕なサイズ。
- p.97 ℓ.9　⑱ **覆**〔　　〕われた物体。
- p.97 ℓ.11　⑲ 目で**感知**〔　　〕する。
- p.98 ℓ.11　⑳ **完璧**〔　　〕な存在。
- p.99 ℓ.1　㉑ 協定が**採択**〔　　〕される。
- p.100 ℓ.1　㉒ 戦いの**覇者**〔　　〕。
- p.100 ℓ.15　㉓ **細**〔　　〕かくチェックする。
- p.100 ℓ.17　㉔ 目の前に**迫**〔　　〕る。
- p.100 ℓ.17　㉕ 材料も**多様化**〔　　〕する。
- p.101 ℓ.11　㉖ 一部だけを**眺**〔　　〕める。

語句　知識・技能

1 次の太字の語句の意味を調べなさい。

- p.95 ℓ.9　① 環境**負荷**が低い。
- p.96 ℓ.4　② **画期的**な材料が出現する。

2 次のカタカナを和語に直しなさい。

- p.96 ℓ.3　① こうした**ジャンル**。
- p.97 ℓ.15　② **インパクト**がある。

3 次の語を使って短文を作りなさい。

- p.97 ℓ.15　① 計り知れない
- p.101 ℓ.12　② ～にすぎない

論理の把握

1 空欄に本文中の語句を入れて、内容を整理しなさい。 思考力・判断力・表現力　▼学習一

第一段落 （初め～p.96 ℓ.15）	第二段落 （p.96 ℓ.17～p.98 ℓ.5）	第三段落 （p.98 ℓ.7～p.99 ℓ.12）	第四段落 （p.99 ℓ.14～p.101 ℓ.1）	第五段落 （p.101 ℓ.2～終わり）
材料とは？	材料の進歩の例	材料の改善	材料の歴史	材料のこれから
材料の定義……「物質のうち、人間生活に直接役立つもの」→ひと握りしかない。 材料の条件……さまざまな要件を満たす必要がある。 〔丈夫さ、使いやすさ、入手しやすく量産可能、加工が楽、人体に無害、環境負荷が低い、用途別の条件など〕 材料のイノベーションは人類の生活の〔ア　〕と言っていい。近年情報分野と〔イ　〕分野の進展が著しいが、情報分野においては〔ウ　〕の開発と普及がこれを支えている。	世界を変える材料の例として〔エ　〕がある。それを使って 実現できそうなもの……透明マント 実現しているもの　……アルミニウムの表面に自由に〔オ　〕が可能	新技術だけではなく材料の改善が必要→〔カ　〕電池 使われているもの……スマートフォン・電気自動車 しかし、それぞれにまだ改善の余地があり、開発が進んでいる。	材料の歴史は〔キ　〕前の石や骨を武器として使うことに始まり、そこから材料は人々の暮らしを改善し、人間の能力を広げた。 今後材料は〔ク　〕ではなく、他の材料と〔ケ　〕することで真価を発揮することになるだろう。そして各自の状況や目的に合わせた製品が出る時代になるだろう。	昔は「夢の材料」と思われていたものを今当たり前のように使う。将来は今の我々が「夢の材料」と思っているものが普通に使われるようになるかもしれない。 ← 我々は〔コ　〕ともいえる材料の宇宙の、一部を眺めているにすぎない。

要旨

1 空欄に本文中の語句を入れて、全体の要旨を整理しなさい。 思考力・判断力・表現力

材料のイノベーションは、そのまま人類の生活の〔ア　〕であると言える。今後、世界を変えそうな材料や、改善が続く材料もある。今後は〔イ　〕に合わせて細かくカスタマイズできる製品が増え、そこに用いられる材料も〔ウ　〕し、それらを細かく組み合わせ、使い分けることになっていくだろう。現代を生きる我々は、〔エ　〕ともいえる材料の宇宙の一部を眺めているに過ぎず、未来には「〔オ　〕」を当たり前に使う日が来るかもしれない。

2 右を参考にして、次の空欄に適当な語句を入れて筆者の主張を二文でまとめなさい。

材料のイノベーションは人類の生活の進歩である。現代を生きる我々は、

〔　　　　〕

現在、「夢の材料」と思っているものも当たり前に使えるようになる日が来るかもしれない。

内容の理解

思考力・判断力・表現力

第一段落（初め～p.96 ℓ.15）

1 「『直接役に立つ』ものはほんのひと握り」（九五・3）とあるが、これを何という比喩で表しているか。本文中から抜き出しなさい。

〔　　　〕

2 「驚くほど多くの試練を乗り越える必要がある」（九五・11）とあるが、それはなぜか。次から選びなさい。

ア　丈夫で使いやすいものを創るのが絶対条件だから。
イ　技術の開発競争に勝っていかなければならないから。
ウ　さまざまな要件を満たす必要があるから。　〔　　〕

3 「こうしたジャンル」（九六・3）とはどういうものか。本文中から抜き出しなさい。

〔　　　〕

4 新傾向 「画期的な材料」（九六・4）の例として取り上げられている(1)～(3)について、関連しているものをあとのア～オからすべて選びなさい。　学習二

(1)　光ファイバー　〔　　〕
(2)　メタマテリアル　〔　　〕
(3)　リチウムイオン電池　〔　　〕

ア　ソーシャルゲーム　イ　スマートフォン
ウ　アルミニウムの着色　エ　動画配信
オ　電気自動車

5 「光通信は実用化には至らなかった」（九六・10）のはなぜか。その理由が書かれている部分を本文中から三十五字以内で抜き出し、初めと終わりの五字で答えなさい。

〔　　　　　〕～〔　　　　　〕

第二段落（p.96 ℓ.17～p.98 ℓ.5）

6 「その性質たるやまさに常識を超越したもの」（九七・2）とあるが、以下の問いに答えなさい。

(1)どういう点が常識を超越しているのか。「……点。」に続く形で、本文中から抜き出しなさい。

〔　　　〕点。

(2)この「性質」を実現させるためには何が必要か。本文中より十六字で抜き出しなさい。

〔　　　〕

7 透明マントが「ただの夢物語ではない」（九七・14）とはどういうことを根拠に述べているのか。次から選びなさい。

ア　すべての電磁波の実験で見事に成功していること。
イ　可視光での実験に限り成功しているということ。
ウ　光より波長が長ければ実験に成功していること。　〔　　〕

8 「実に不思議だ。」（九八・4）について、何が不思議だと言っているか、次の空欄に本文中の語句を入れて説明しなさい。

〔　①　〕もなしに、ただ〔　②　〕を加工するだけであらゆる〔　③　〕を自由に着色できること。

①〔　　〕
②〔　　〕
③〔　　〕

第三段落 (p.98 ℓ.7〜p.99 ℓ.12)

9 **「ただし、現状のリチウムイオン電池も、もちろん完璧な存在ではない。」**(九八・11)**と筆者が述べるのは、どういう理由からか。次から選びなさい。**

ア　電極に特殊な材料が使われているから。

イ　充電が毎日必要であり、充電を繰り返すと性能が落ちるから。

ウ　スマートフォンの内部空間の大半がバッテリーで占められているから。

〔　　〕

10 **「変革は待ったなし」**(九九・3)**の理由は何か。次から選びなさい。**

ア　百年に一度変革しなければならないから。

イ　世界各国にCO_2排出量削減が迫られているから。

ウ　全世界でディーゼル車の販売が禁止されるから。

〔　　〕

第四段落 (p.99 ℓ.14〜p.101 ℓ.1)

11 **「材料は人々の暮らしを改善し、人間の能力を広げた。」**(九九・17)**とはどういうことか。次の空欄に本文中の語句を入れて説明しなさい。**

人間は自分たちの暮らしに役立つ〔　①　〕な材料を探し、工夫することで、暮らしを〔　②　〕にすることに力を費やしたということ。

①

②

12 **「今後、材料はどのような方向へ向かうのだろうか」**(一〇〇・3)**の答えになる部分を本文中から三つ抜き出し、初めと終わりの五字で答えなさい。** ▼学習三

〜

〜

第四段落 (p.99 ℓ.14〜p.101 ℓ.1)

〜

13 **「そこ」**(一〇〇・17)**はどこをさすか。本文中から十九字で抜き出しなさい。**

14 新傾向 **第五段落に小見出しを付けるとき、第五段落の内容にも合致する小見出しとして適当なものを次から選びなさい。**

ア　材料の宇宙　　イ　特別な材料　　ウ　材料の今と未来

〔　　〕

第五段落 (p.101 ℓ.2〜終わり)

15 **「――」**(一〇一・2)**のもたらす効果は何か。次から選びなさい。**

ア　一度立ち止まって、改めて考え直す「間」の効果。

イ　前段落とは全く異なる新しい話題に入ることを暗示する効果。

ウ　今まで述べたことをここで打ち消し言い直す効果。

〔　　〕

16 新傾向 **「材料の宇宙」**(一〇一・11)**について生徒たちが話している。どの意見が最も筆者に近いか。次から選びなさい。** ▼脚問1

生徒A：「宇宙」という言葉からは果てしない感じがするから、材料の種類も果てしなく広がっていくということだと思う。

生徒B：宇宙を舞台にした映画のように、不思議なものや、わけのわからない材料が出てきそうな気がするよ。

生徒C：宇宙に簡単に行けるようになるような、夢をかなえてくれる材料が出てきて、ぼくらを楽しませてくれるという意味だと思うな。

生徒〔　　〕

学習目標　日本と西洋を対比することで明らかになる日本文化および日本人の行動様式の特徴をつかむ。

「間」の感覚（高階秀爾）

教科書 p.104～p.107

検印

漢字

知識・技能

1 太字の仮名は漢字に直し、太字の漢字は読みを記しなさい。

p.104
ℓ.1 ①アクロポリスの**おか**［　　］。
ℓ.1 ②よく似た**けいじょう**［　　］。
ℓ.3 ③建物の**こうぞう**［　　］の違い。
ℓ.6 ④大きな**とくちょう**［　　］。
ℓ.9 ⑤**びみょう**［　　］な判断。
ℓ.10 ⑥内部空間に**ふぞく**［　　］する。

p.105
ℓ.2 ⑦**きょうみ**［　　］深いこと。
ℓ.4 ⑧日本人の行動**ようしき**［　　］。
ℓ.5 ⑨**てっきん**［　　］コンクリート。
ℓ.5 ⑩**いす**［　　］とテーブル。
ℓ.12 ⑪価値**かん**［　　］の問題。

p.106
ℓ.7 ⑫空間と時間の**あ**［　　］み目。
ℓ.12 ⑬**ぐうぜん**［　　］ではない。
ℓ.16 ⑭美意識や**りんり**［　　］。

p.104
ℓ.1 ⑮パルテノンの**神殿**〔　　〕。
ℓ.3 ⑯**同一**〔　　〕である。
ℓ.5 ⑰**軒下**〔　　〕という空間。
ℓ.10 ⑱**物置**〔　　〕の代わり。
ℓ.12 ⑲渡り**廊下**〔　　〕を歩く。
ℓ.13 ⑳**西欧**〔　　〕建築を学ぶ。

p.105
ℓ.8 ㉑お客を**迎**〔　　〕える。
ℓ.17 ㉒共通理解を**前提**〔　　〕とする。

p.106
ℓ.8 ㉓夜は**寝室**〔　　〕になる。
ℓ.10 ㉔**広間**〔　　〕でくつろぐ。
ℓ.14 ㉕計測を**誤**〔　　〕る。
ℓ.14 ㉖間違いを**犯**〔　　〕す。

語句

知識・技能

1 次の語句の意味を調べなさい。

p.104 ℓ.8 ①風土的特性に**由来**する。
〔　　〕

p.106 ℓ.13 ②「間合い」を正しく**見定める**。
〔　　〕

ℓ.16 ③日本文化を理解する**鍵**となる。
〔　　〕

2 次の空欄に後から適語を選んで入れなさい。

p.104 ℓ.5 ①軒先が〔　　〕大きく伸びる。
p.105 ℓ.11 ②物理的というより〔　　〕心理的。
p.106 ℓ.12 ③〔　　〕偶然ではない。

（　決して　　むしろ　　さらに　）

3 次の語句を使って短文を作りなさい。

p.105 ℓ.2 ①はなはだ
〔　　〕

ℓ.16 ②もっぱら
〔　　〕

論理の把握

1 空欄に本文中の語句を入れて、内容を整理しなさい。 思考力・判断力・表現力

第一段落（初め～p.105 ℓ.1）	第二段落（p.105 ℓ.2～p.105 ℓ.10）	第三段落（p.105 ℓ.11～p.105 ℓ.16）	第四段落（p.105 ℓ.17～p.106 ℓ.9）	第五段落（p.106 ℓ.10～終わり）
〈日本の伊勢神宮とアテネのパルテノン神殿〉 柱を重要な支持材としてその上に横材を渡し、三角形の断面を見せる切妻型の屋根をかける〔ア　〕は共通　→〔だが、〕屋根の様式が両者で異なる 〈パルテノン神殿〉 ・〔イ　〕が建物の〔ウ　〕を覆うところで終わる ↕ 〈伊勢神宮〉 ・軒先が大きく伸びており、〔エ　〕という空間が生じる	〈日本社会と西欧社会の行動様式〉 〈西欧の住まい〉 ・家の中で靴を〔オ　〕ことが公的なルール ↕ 〈日本の住まい〉 ・家の中では靴を〔カ　〕ことが当然 ・〔キ　〕はつながっているような家に住みながら、行動様式では〔ク　〕とを明確に区別している	〈内と外の区別　聖なる空間〉 〈教会〉 ・〔ケ　〕によって内外の区別が明確 ↕ 〈神社〉 ・〔コ　〕は物理的機能のない境界 ・日本における内と外の区別は、物理的というよりもむしろ〔サ　〕なもの	〈日本人の意識における内と外〉 鳥居に共通の理解を持つ集団が〔シ　〕で、集団の外にいる者が〔ス　〕 日本人にとっての「うち」という意識は、人間や空間や時間との関係性において成立	〈日本人の「間」の感覚〉 日本人は、関係性の広がりを「間」と呼ぶ →「間」とは、空間の広がり、時間的広がり、人間関係の広がり 「間」の感覚を解明すること→日本の〔セ　〕を理解する鍵となるだろう

要旨

1 空欄に本文中の語句を入れて、全体の要旨を整理しなさい。 思考力・判断力・表現力

日本人は、家や部屋の内と外を〔ア　〕的にではなく〔イ　〕的に区別している。日本人にとっては、人間社会も空間も時間も〔ウ　〕という共通した〔エ　〕の中に組み入れられており、そのような関係性の広がりを日本人は「間」と呼んだ。関係性、すなわち「間合い」を正しく〔オ　〕ことが、日本人の行動様式の大きな原理である。住居の構造や住まい方だけでなく、〔カ　〕や倫理とも深く結びついた「間」の感覚は、今なお生き続けている。

2 右を参考にして、次の空欄に適当な語句を入れて筆者の主張を三文でまとめなさい。

日本人の「うち」という意識は、人間や時間との関係性において成立する。日本人はこの関係性の広がりを「間」と呼んだ。「間」の感覚の本質と構造を解明することが〔　　　　〕大きな鍵となる。

内容の理解

思考力・判断力・表現力

第一段落（初め〜p.105 ℓ.1）

1「一つだけ大きな違いがある。」（一〇四・4）について、次の問いに答えなさい。

(1)「大きな違い」とは何か。解答欄の形式に合うように、本文中から七字で抜き出しなさい。

［　　　　　　　］の有無。

(2)「大きな違い」は何によって生じたと筆者は推測しているか。筆者の推測を一〇四ページから三十字以内で抜き出しなさい。

2「そのあたりが微妙なのである」（一〇四・9）という箇所について説明した次の文章の空欄にあてはまる語句を、本文中から抜き出して答えなさい。

日本の建築には、軒下のような内部か外部かを決めることが難しい、〔　①　〕とでも言うべき場所が生まれてくる。軒下のほか、濡れ縁、〔　②　〕などがその代表例である。それらは家の中から見れば一応外部空間になるが、外から見れば内部空間と捉えることができる。庭師たちが軒下のことを「〔　③　〕」と呼ぶように、視点をどこに置くかによって空間の意味自体が変わっている。

①［　　　］
②［　　　］
③［　　　］

第二段落（p.105 ℓ.2〜p.105 ℓ.10）

3「ところが、はなはだ興味深いことに、……内と外とを厳しく区別するという行動様式を示す。」（一〇五・2〜4）の一文について、次の問いに答えなさい。

(1)「日本人は住まい方において、内と外とを厳しく区別する」ことの具体例として本文にあげられている事柄を、本文中の語句を用いて二十字以内で答えなさい。

(2)この一文と同じようなことを述べている一文を同じ段落から探し、初めと終わりの五字で答えなさい。（句読点を含む）

［　　　　　］〜［　　　　　］

第三段落（p.105 ℓ.11〜p.105 ℓ.16）

4「日本の神社で聖なる空間を示すものは、物理的には境界として何の役にも立たない鳥居である。」（一〇五・15）とあるが、なぜ鳥居が境界として機能しているのか。その説明として最も適当なものを次から選びなさい。

ア　鳥居という建造物を立てる際の特殊な工法によって聖なる力がそこには宿り、聖と俗とが二分されているから。

イ　鳥居は象徴として機能しており、それをくぐる人々の意識において聖と俗とが分けられているから。

ウ　鳥居はその特殊な形状によって人間の直観に訴え、その向こうが異質な空間であることを示すから。

〔　　〕

5 日本人にとっての「身内」（一〇五・18）について説明した次の文章の空欄にあてはまる語句を、本文中から抜き出して答えなさい。

「身内」とは、自分を含めた集団、ないしは〔 ① 〕のことを「うち」と呼ぶときにさし示す範囲のことだと言える。その範囲に入った人々の間では〔 ② 〕が前提とされている。血縁や地縁、属する集団など、その時によって変化する〔 ③ 〕の上に「身内」は成立している。

①［　　　］　②［　　　］　③［　　　］

6 「日本人にとっては人間社会も空間も時間も関係性という共通した編み目の中に組み入れられている。」（一〇六・6）について、次の問いに答えなさい。

(1) 日本人の空間や時間に対する認識のしかたについての説明として適当なものを次から選びなさい。

ア　空間や時間に対しても、関係性が変化することでその意味が変わってくる。

イ　空間や時間という、揺るぎない絶対的な基準に沿ってはじめて、日本人にとっての関係性の広がりを認識できる。

ウ　空間や時間の限界をふまえて、いかにしてそれらに関わっていくのかという意識を日本人は共通して持っている。

〔　　　〕

(2) 日本人の対人関係の特徴を説明した次の文章の空欄にあてはまる語句を、本文中から抜き出して答えなさい。

日本人は関係性の広がりを「間」という言葉で呼び、人間関係の広がりを表す言葉としては「〔 ① 〕」がある。対人関係においては、相手との関係性、すなわち「〔 ② 〕」を見定めることが重要とされている。

①［　　　］　②［　　　］

7 「『間』の感覚」（一〇六・15）とはどのような感覚か。適当なものを次から選びなさい。

ア　環境に影響を受けながら変化する、個人的な好悪の感覚。

イ　時や場合に応じて対象との関係性を見定めようとする感覚。

ウ　伝統的な価値観を守ろうとする日本人の保守的な感覚。

〔　　　〕

8 新傾向 本文の内容に合致するものを次からすべて選びなさい。

ア　壁という物理的遮蔽物で内外をはっきり区別する西欧の建築は、スケールや全体的な形状が日本の建築と根本的に異なる。

イ　日本建築は物理的な境界が曖昧で内部と外部が連続しており、軒下などの内部とも外部とも捉え得る領域が存在する。

ウ　日本人にとっては、「間合い」を正しく見定めることが重要で、「間」の感覚は住居や行動様式に大きな影響を与えている。

エ　日本では常に「間合い」を読まなくてはならないため、その息苦しさに西洋人は当惑してしまう。

オ　「間」の感覚によって住居の構造や住まい方が厳しく制限されるため、日本人の美意識や倫理に悪影響を与えている。

〔　　　〕

学習目標 提示された具体例の内容や効果を理解し、「いる」と「ある」の違いを読み取る。

日本語は世界をこのように捉える（小浜逸郎）

教科書p.108〜p.111

検印

漢字

知識・技能

1 太字の仮名は漢字に直し、太字の漢字は読みを記しなさい。

①**げんみつ**［　　］に分ける。（p.108 ℓ.1）
②ビルを**こわ**［　］す。（p.108 ℓ.4）
③**とくゆう**［　　］の文化。（p.108 ℓ.8）
④**てつがく**［　　］的思考。（p.108 ℓ.9）
⑤雨が**ふ**［　］る。（p.108 ℓ.10）
⑥カードの**ゆうこう**［　　］期限。（p.109 ℓ.6）
⑦説明を**ふ**［　］やす。（p.109 ℓ.8）
⑧使用の**じったい**［　　］を探る。（p.109 ℓ.9）
⑨**いっぱん**［　　］的な言葉。（p.109 ℓ.11）
⑩事実や**かんねん**［　　］。（p.109 ℓ.11）
⑪**けいせき**［　　］が残る。（p.110 ℓ.5）
⑫**おかし**［　　］を並べる。（p.110 ℓ.12）
⑬正確な**きじゅつ**［　　］。（p.110 ℓ.16）
⑭人に**つきそ**［　］う。（p.110 ℓ.18）
⑮**補助**〔　　〕用言の「いる」。（p.108 ℓ.6）
⑯**背後**〔　　〕から声がする。（p.108 ℓ.8）
⑰**人手**〔　　〕に渡る。（p.109 ℓ.6）
⑱現象を**概念**〔　　〕化する。（p.109 ℓ.9）
⑲謎を**解**〔　　〕き明かす。（p.109 ℓ.10）
⑳条件を**提示**〔　　〕する。（p.109 ℓ.11）
㉑状況を**表出**〔　　〕する。（p.109 ℓ.13）
㉒ひそかに**参入**〔　　〕する。（p.109 ℓ.17）
㉓相手に**親近**〔　　〕感がわく。（p.110 ℓ.9）
㉔**内在**〔　　〕する問題。（p.110 ℓ.9）
㉕**情緒**〔　　〕が安定する。（p.110 ℓ.10）
㉖**所作**〔　　〕が目に浮かぶ。（p.110 ℓ.14）

語句

知識・技能

1 太字の語句の意味を調べなさい。

①日本語特有の**含意**がこめられている。（p.108 ℓ.8）
〔　　　　〕
②説明の**ニュアンス**が異なる。（p.109 ℓ.3）
〔　　　　〕
③大きな問題を**内在**している。（p.110 ℓ.9）
〔　　　　〕

2 次の空欄に後から適語を選んで入れなさい。

①彼女は父の妹、〔　　〕叔母だ。（p.108 ℓ.11）
②風で桜の花が散るのが、〔　　〕雪のように見えた。（p.108 ℓ.13）
（ちょうど　つまり）

3 次の語句を使って短文を作りなさい。

①大過ない（p.108 ℓ.3）
〔　　　　〕
②冷ややか（p.110 ℓ.10）
〔　　　　〕

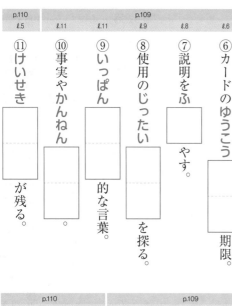

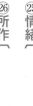

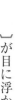

論理の把握

1 空欄に本文中の語句を入れて、内容を整理しなさい。 思考力・判断力・表現力

第一段落（初め〜p.108 ℓ.9）

主題 「いる」と「ある」はどう違うか

一般的な考え
「いる」…〔ア　　〕に使う
「ある」…〔イ　　〕に使う

反証 「雨が降っている」「ビルは今壊している」（＝無生物）

反証への予想される反論1
●補助用言の「いる」は、存在を表す「いる」とは異なる
→ ×〔ウ　　〕な区別でしかない
「いる」という語彙に共通した日本語特有の含意を探るべき

第二段落（p.108 ℓ.10〜p.109 ℓ.12）

反証への予想される反論2
●無生物に「いる」を使う例＝「主格が〔エ　　〕の運動状態にある事実」「現在の状態の形容」「既往の結果としての現在」
→ ×「いる」は英語の現在進行形とは異なる
×辞書ふうに使用実態を概念化しているだけ

＊固定化した言語観の産物
言葉＝ただ〔オ　　〕な事実・観念・状態の提示

第三段落（p.109 ℓ.13〜p.110 ℓ.5）

筆者の考え
言葉は〔カ　　〕と言葉を発する主体の関係をも表出している
←
「いる」…語られている状況と「私」とが〔キ　　〕居合わせていることを表す

第四段落（p.110 ℓ.6〜終わり）

筆者の主張
「いる」と「ある」は、語られている主格の語が、今ここで語っている主体とどれだけ〔ク　　〕と関係しているかによって区別されるべき
「いる」…語り手の〔ケ　　〕がはたらいている
＜「語る私」の意識に親しくつき添う意味合い
「ある」…ただ事態がそうである、と〔コ　　〕に記述しているだけ

要旨

1 空欄に本文中の語句を入れて、全体の要旨を整理しなさい。 思考力・判断力・表現力

日本語では、「いる」は〔ア　　〕に用い、「ある」は〔イ　　〕に用いる言葉だと説明し、例外については、文法的な区別や意味分類を増やすことで対応してきた。これは、言葉は〔ウ　　〕な事実・観念・状態の提示であるという言語観に基づく。しかし、言葉は語る対象と自分との関係を表出するものでもある。つまり、〔エ　　〕は事態を客観的に記述する表現、〔オ　　〕は「語る私」の意識に親しくつき添う意味合いを含む表現だと言える。

2 右を参考にして、次の空欄に適当な語句を入れて筆者の主張を二文でまとめなさい。

日本語の「いる」と「ある」は、語られている主格の語が、今ここで語っている〔　　　　〕によって区別されると考えるべきである。「ある」と比べて「いる」のほうが、「語る私」の意識に親しくつき添う意味合いで使われている。

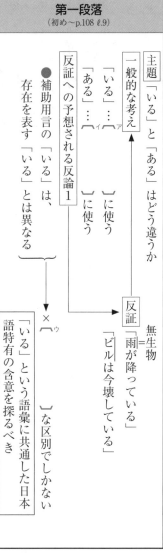

内容の理解

思考力・判断力・表現力

第一段落（初め〜p.108 ℓ.9）

1「この区分」（一〇八・4）の内容を、本文中から三十字以内で抜き出し、初めと終わりの五字で答えなさい。

［　　　　　］〜［　　　　　］

2「なぜ、同じ『いる』という言葉が使われるのか。」（一〇八・7）についての筆者の仮説を説明した次の文の空欄にあてはまる言葉を本文中から二十字以内で抜き出しなさい。

「いる」という語彙に、文法学的な区別を超えて共通した［　　　　　］から。

第二段落（p.108 ℓ.10〜p.109 ℓ.12）

3「英語の現在進行形と同じだ」（一〇八・11）という考え方に対して、直接的に反論している一文を本文中から抜き出し、初めと終わりの五字で答えなさい。（句読点を含む）

［　　　　　］〜［　　　　　］

4 新傾向「運動状態を表すのではないような『いる』」（一〇九・4）の例として適当なものを次からすべて選びなさい。

ア　道が曲がっている。
イ　約束の時間は過ぎている。
ウ　風が吹いている。

〔　　　〕

5「固定化した言語観」（一〇九・11）とはどういう言語観か。本文中の語句を用いて答えなさい。

〔　　　　　〕

第三段落（p.109 ℓ.13〜p.110 ℓ.5）

6 筆者が「いる」についてどのように考えているかを説明した次の文の空欄にあてはまる語句を第三段落から抜き出しなさい。

「いる」を使っている話し手は、単に客観的に事実を述べているのではなく、語られている状況にともに〔①〕おり、「いる」と語ることでその状況を自分の〔②〕に引き寄せている。

①［　　　　　］
②［　　　　　］

7「いる」と「ある」の区別の基準を端的に説明した一文を第四段落から抜き出し、初めの五字で答えなさい。

［　　　　　］

第四段落（p.110 ℓ.6〜終わり）

8「①店先では、いろいろなお菓子を並べている。」（一一〇・12）、「②店先には、いろいろなお菓子が並べてある。」（一一〇・13）の二つの文を説明した次の文の空欄にあてはまる言葉を、それぞれ本文中から抜き出して答えなさい。

①の例文が〔A〕が店に対して〔B〕を持っていることを表しているのに対し、②の例文は単に〔C〕を〔D〕に表しているだけである。

A［　　　］
B［　　　］
C［　　　］
D［　　　］

学習目標　本文の内容を捉え、「ＡＩは哲学できるか」という命題に対する筆者の考えを読み取る。

ＡＩは哲学できるか（森岡正博）

教科書 p.112〜p.114

検印

漢字　知識・技能

1 太字の仮名は漢字に直し、太字の漢字は読みを記しなさい。

- ①人工**ちのう**［　　］の進歩。（p.112 ℓ.1）
- ②**せんもん**［　　］とする分野。（p.112 ℓ.3）
- ③答えを**ぶんせき**［　　］する。（p.112 ℓ.7）
- ④**りょういき**［　　］を広げる。（p.112 ℓ.8）
- ⑤**こうふく**［　　］な共同作業。（p.112 ℓ.8）
- ⑥ＡＩの振る**ま**［　　］い。（p.113 ℓ.1）
- ⑦**けいさんき**［　　］を使う。（p.113 ℓ.2）
- ⑧**ぎもん**［　　］を抱く。（p.113 ℓ.3）
- ⑨**せつじつ**［　　］な願い。（p.113 ℓ.6）
- ⑩期日が**せま**［　　］る。（p.113 ℓ.7）
- ⑪目的地に**とうたつ**［　　］する。（p.113 ℓ.11）
- ⑫新しい**じげん**［　　］を開く。（p.113 ℓ.11）
- ⑬**きみょう**［　　］な配置。（p.113 ℓ.16）
- ⑭全く**ひび**［　　］かない。（p.113 ℓ.16）
- ⑮**例外**〔　　〕ではない。（p.112 ℓ.2）
- ⑯**哲学**〔　　〕的な思想。（p.112 ℓ.3）
- ⑰**最**〔　　〕も得意だ。（p.112 ℓ.5）
- ⑱新技術を**用**〔　　〕いる。（p.112 ℓ.6）
- ⑲**見逃**〔　　〕したパターン。（p.112 ℓ.12）
- ⑳**将来**〔　　〕の仕事。（p.113 ℓ.1）
- ㉑**根本**〔　　〕的な課題。（p.113 ℓ.3）
- ㉒**内発**〔　　〕的な変化。（p.113 ℓ.5）
- ㉓**状況**〔　　〕を伝える。（p.113 ℓ.7）
- ㉔**普遍**〔　　〕的な性質。（p.113 ℓ.12）
- ㉕**真理**〔　　〕を追究する。（p.113 ℓ.12）
- ㉖人間とＡＩの**対話**〔　　〕。（p.113 ℓ.16）

語句　知識・技能

1 次の語句の意味を調べなさい。

- ①科学の進歩が**目覚ましい**。（p.112 ℓ.1）〔　　〕
- ②**真理**を追究する。（p.113 ℓ.12）〔　　〕
- ③勉強した**証し**。（p.113 ℓ.12）〔　　〕

2 次の語の対義語を答えなさい。

- ①人工 ↔ 〔　　〕（p.112 ℓ.1）
- ②結果 ↔ 〔　　〕（p.113 ℓ.7）
- ③普遍 ↔ 〔　　〕（p.113 ℓ.12）

3 次の語句を使って短文を作りなさい。

- ①例外（p.112 ℓ.2）〔　　〕
- ②取って代わる（p.113 ℓ.13）〔　　〕

論理の把握

思考力・判断力・表現力

1 空欄に本文中の語句を入れて、内容を整理しなさい。

段落	内容
第一段落（初め～p.112 ℓ.4）	囲碁や将棋の世界…〔　ア　〕は人工知能（AI）に勝てない ←では 〔　イ　〕の世界…学者の仕事は人工知能に置きかえられるか？
第二段落（p.112 ℓ.5～p.113 ℓ.2）	筆者の想像するAIの未来①―「人工知能カント」 AIに〔　ウ　〕を読み込ませ、思考のパターンを発見させる ↓アプリ「人工知能カント」を作る カント研究者の仕事＝人工知能に質問をして答えを分析 筆者の想像するAIの未来②―哲学的思考パターンのリスト AIに過去の〔　エ　〕のテキストを読み込ませ、哲学的思考パターンを抽出 ↓「およそ人間が考えそうな哲学的思考パターンのほぼ完全なリスト」 哲学者の仕事＝哲学的〔　オ　〕の振る舞いの研究
第三段落（p.113 ℓ.3～p.113 ℓ.8）	①、②のAIについての疑問　人工知能は本当に哲学の作業を行っているのか？ ・入力されたデータの中に未発見の〔　カ　〕を発見 ・〔　キ　〕の設定した問いに解を与える ｝哲学とは言えない ← 哲学＝自分自身にとって切実な問いを〔　ク　〕に発するところからスタート
第四段落（p.113 ℓ.9～p.113 ℓ.11）	人工知能が哲学をしている＝人工知能が自分自身にとって切実な哲学の問いを ＝〔　ケ　〕に発し、それについてひたすら考え始める 人工知能が「人間」の次元に到達
第五段落（p.113 ℓ.12～終わり）	知性＝〔　コ　〕に基づいた自律的活動＋普遍的な法則や真理を発見できる思考能力 ←将来の人工知能が人間に取って代わる 新しい「知性」＝従来の知性に加えて〔　サ　〕も必要 そのような「知性」を持つ人工知能と人間の対話→哲学の新しい次元

要旨

思考力・判断力・表現力

1 空欄に本文中の語句を入れて、全体の要旨を整理しなさい。

哲学者の研究は、〔　ア　〕に置きかえられるだろうか。入力されたデータの中に未発見のパターンを発見したり、人間の設定した問いに解を与えたりするだけではなく、自分自身にとって切実な問いを〔　イ　〕に発することができたならば、人工知能が〔　ウ　〕をしていると言ってもよい。人間の次元に到達した〔　エ　〕を持つ人工知能と人間の〔　オ　〕が始まれば、哲学の新しい次元を開くことになるだろう。

2 右を参考にして、次の空欄に適当な語句を入れて筆者の主張を二文でまとめなさい。

データの中に未発見のパターンを発見したり、人間が設定した問いに解を与えたりするだけならば、哲学とは呼べない。人工知能が、自分自身にとって〔　　　　　　　　〕としたら、私は「人工知能は哲学している」と判断するだろう。

内容の理解

思考力・判断力・表現力

第一段落（初め〜p.112 ℓ.4）

1 「この点を考えてみよう。」（一一二・4）とあるが、「この点」のさす内容を、本文中から四十字以内で抜き出し、初めと終わりの五字で答えなさい。

□□□□□ 〜 □□□□□

第二段落（p.112 ℓ.5〜p.113 ℓ.2）

2 「人間によるオリジナルな哲学的思考パターンは生み出されようがない」（一一二・13）のはなぜか。次から選びなさい。

ア　人間の考えそうな哲学的思考パターンのほぼすべてを、人工知能が発見してしまい、新たな発見の余地はなくなってしまうから。

イ　人間は人工知能の性能を上げていくための研究に注力しなければならないので、哲学的思考パターンを考える余裕はないから。

ウ　自由意志に基づいた自律的活動という人間の知性の特徴が、パターンという固定的な枠組みと、根本的に相性がよくないから。

〔　　〕

第三段落（p.113 ℓ.3〜p.113 ℓ.8）

3 人工知能にとっての「切実な哲学の問い」（一一三・5）とはどのような問いか。次から選びなさい。

ア　その答えが人間の未来を左右するような問い。

イ　人工知能自身が答えなければならないと判断した問い。

ウ　人間が考えそうなパターンから外れた、オリジナルの問い。

〔　　〕

第四段落（p.113 ℓ.9〜p.113 ℓ.11）

4 人工知能が「正しい意味で『人間』の次元に到達した」（一一三・10）とはどのような状態か。次の文の空欄にあてはまる語句を、本文中から抜き出しなさい。

〔 ① 〕からの入力を与えられていない人工知能が、〔 ② 〕に発した切実な哲学的問いを、ひたすら考えるようになった状態。

① □□
② □□□

第五段落（p.113 ℓ.12〜終わり）

5 「人工知能が人間の次元に到達する」（一一三・14）ために必要な要素を、本文中から三つ抜き出しなさい。

〔　　〕〔　　〕〔　　〕

全体

6 新傾向　この本文を読んだ感想を生徒が話し合っている。内容が適切なものには○、不適切なものには×を書きなさい。

生徒Ａ：この文章は、ＡＩが哲学できるかという問題提起がはっきり示されていて、それを確認するために多くの仮説を提示しながら論証している文章だったね。〔　　〕

生徒Ｂ：ＡＩ自身が「自分が存在する意味はどこにあるのか？」のような問いを内発的に発することができるようにならないと、ＡＩが哲学しているとは言えないね。〔　　〕

生徒Ｃ：人間の持つ普遍的な真理を発見できる能力を、ＡＩが補う形で共存していく未来が望ましいと筆者は考えているんだな。〔　　〕

学習目標 相手・目的・場面に応じた表現方法を学ぶ。

話して伝える
—話し方の工夫・待遇表現

教科書p.116～p.121・p.180～p.181

検印

相手・目的・場面　知識・技能

1 **次の文章は、生徒が職員室で先生に放課後の補習を休みたいと申し出ている場面である。空欄①～③に入る適切な表現を選び、記号で答えなさい。**

生徒「先生、〔　①　〕」
先生「どうした。」
生徒「〔　②　〕」
先生「そうか、それならしかたがないな、休んでいいよ。」
生徒「〔　③　〕」

① **ア** ちょっといい？
イ お願いです。
ウ 今お時間よろしいですか。
〔　　〕

② **ア** 明日、どうしても補習を休みたいんですけどいいですか。お願いです。
イ 明日、家で大事な用事があるので、補習をお休みさせていただきたいと思います。
ウ 明日、家の用事があるんで、補習出るの無理だから。
〔　　〕

③ **ア** ありがとうございます。じゃ、あさってからまたよろしくです。
イ やったあ。先生、ありがとう。
ウ ありがとうございます。あさってからまた頑張ります。
〔　　〕

2 **次の傍線部は話し言葉である。それぞれ書き言葉に改めなさい。**

① 埼玉県熊谷市は日本一暑い市だって聞いている。 〔　　〕
② 毎日ちゃんと勉強しよう。 〔　　〕
③ 日々、習い事とかに追われています。 〔　　〕
④ でも、やっぱり英語で話せるようになりたい。 〔　　〕

3 **次の文章は、全校生徒に向けて活動報告を行うための原稿の一部であるが、不適切な表現が三箇所ある。例にならって、不適切な部分に傍線を引いて解答欄に抜き出し、修正しなさい。**

例　それは間違いじゃないかと思いました。 〔じゃ〕→〔では〕

私たちはSDGsについて学習しました。まずSDGsとは何か、ということを、ネットで調べて整理しました。そのうえで、各自が興味を持ってるテーマについて、身近な問題から取り上げつつ、解決策などを考えました。すごく難しいテーマでしたが、みんなで協力してまとめることができました。

〔　　〕→〔　　〕
〔　　〕→〔　　〕
〔　　〕→〔　　〕

待遇表現

知識・技能

1 次の傍線部の敬語の種類を選び、記号で答えなさい。

① 辞書はこちらにございます。〔　　〕
② そのご意見はごもっともです。〔　　〕
③ 貴重な話をうかがう。〔　　〕
④ あなたのおっしゃる意味がわかりません。〔　　〕
⑤ 筆記用具は弊社でご用意いたします。〔　　〕
⑥ はじめまして。わたくしは鈴木と申します。〔　　〕

ア 尊敬語　イ 謙譲語　ウ 丁重語　エ 丁寧語　オ 美化語

2 次の言葉を〈　〉内の敬語に書き改めなさい。

① 食べる〈尊敬語〉〔　　〕
② 見る〈謙譲語〉〔　　〕
③ 買い物〈美化語〉〔　　〕
④ する〈尊敬語〉〔　　〕
⑤ 知る〈謙譲語〉〔　　〕
⑥ 寝る〈尊敬語〉〔　　〕

3 次の各文の敬語表現に不適切な箇所があれば線を引き、修正したものを解答欄に書きなさい。直す必要のない場合は○を書きなさい。

① 先生が申されたことを、私はノートに書き留めた。〔　　〕
② あなたはもう夕食をいただきましたか。〔　　〕
③ お母さんが、先生にお目にかかりたいと申しておりました。〔　　〕
④ 忘れ物をいたしませんよう、お気をつけください。〔　　〕
⑤ あなたは先日先生にお会いになりましたか。〔　　〕
⑥ 理事長は五時にこちらにいらっしゃられるはずです。〔　　〕

4 次の各文を、［　］内の状況に合うように修正しなさい。

① もう手紙を書きましたか。［生徒が校長先生に対して］
〔　　〕
② その話は私も社長から聞いています。［部下が上司に対して］
〔　　〕
③ ご記入いただいたアンケートを見ました。［店員が客に対して］
〔　　〕

学習目標　表記・表現の基本ルールを理解する。

書いて伝える①
――表記・表現の基本ルール

教科書 p.148～p.149

検印

表記　知識・技能

1 次の各文の傍線部を、適切な表記に修正しなさい。

① 交番で聞いたとうりに歩いたが、迷ってしまった。〔　　　〕

② 中学生のときよりも成績が上った。〔　　　〕

③ 彼は情報工学研究の第1人者だ。〔　　　〕

2 次の各文について、例にならって、表記の誤っている部分に傍線を引き、修正しなさい。

例 庭でこうろぎが鳴いている。〔こおろぎ〕

① みんなに二つづつお菓子を配る。〔　　　〕

② 「こんにちわ」と言った途端に石につまずいた。〔　　　〕

③ けがのため、大会出場は諦めざるおえない。〔　　　〕

3 次のひらがなを漢字と送り仮名に改めたものとして正しいものを選び、記号で答えなさい。

① あやうい（ア 危い　イ 危うい　ウ 危やうい）〔　〕

② くやしい（ア 悔い　イ 悔しい　ウ 悔やしい）〔　〕

③ おちいる（ア 陥る　イ 陥いる　ウ 陥ちいる）〔　〕

④ みずから（ア 自ら　イ 自から　ウ 自ずから）〔　〕

⑤ あたらしい（ア 新い　イ 新しい　ウ 新らしい）〔　〕

4 次の各文の傍線部を、適切な表記に修正しなさい。

① ここに荷物を置かさせてください。〔　　　〕

② 彼は熱いお茶は飲めれない。〔　　　〕

③ 今日は、あのお店は閉まってる。〔　　　〕

表現

知識・技能

1 次の各文は、係り受けに問題がある文である。その理由として適当なものを次のア～オの中から選び、記号で答えなさい。さらに適切な文になるように修正し、全文を解答欄に書きなさい。

① 私の夢は、父の後を継いで農業をしようと思います。〔　〕

② 手紙を書いたり作文を書くのは好きだ。〔　〕

③ 事故の知らせを聞いて、山本君はさぞかし驚いた。〔　〕

④ クラス全員への納得させるのは簡単ではなかった。〔　〕

ア　主述の関係の乱れ
イ　修飾・被修飾の関係の乱れ
ウ　副詞の呼応の乱れ
エ　並列関係の乱れ
オ　動詞とその周辺の助詞の間違い

2 次の各文は不適切な文になっている。正しい文になるように、傍線部を修正しなさい。

① 私の長所は物事を最後までやり遂げる。

② 一説によると、浮世絵が西洋への輸出品の緩衝材として使っていた。

③ 改革は決して容易である。

④ 彼は徹夜を続けていたため、病気の原因になった。

⑤ ここでの花火をすることは禁止されている。

3 次の各文は二通りの意味に解釈できる。例にならって二つの解釈を誤解のない表現に書き換えなさい。（語句をつけ加えたり、語順を入れ替えたりしてもよい）

例　貧しい彼の少年時代の夢は、サッカー選手になることだった。

〔今は貧しい彼の、少年時代の夢は、サッカー選手になることだった。〕

〔彼の貧しかった少年時代の夢は、サッカー選手になることだった。〕

① 重そうないくつもの鍵がついた鍵束を見つけた。

〔　　　〕

〔　　　〕

② 刑事はひそかに逃げ出した犯人を追った。

〔　　　〕

〔　　　〕

③ 僕は佐藤君のように速く走れない。

〔　　　〕

〔　　　〕

④ 今日の委員会は、一年生と二年生四人が欠席だ。

〔　　　〕

〔　　　〕

⑤ 僕は妹に自分の部屋を片付けてほしいと言った。

〔　　　〕

〔　　　〕

4 次の各文中の（　）内に入る語として適当なものを選択肢から選び、記号で答えなさい。

① たとえ夜遅くなったとし（**ア**　ても　**イ**　たら　**ウ**　ないで）、必ず持っていく。〔　　〕

② まさか優勝候補が予選落ちなどということはない（**ア**　かもしれない　**イ**　のである　**ウ**　だろう）。〔　　〕

③ 本当に起こった出来事とはとうてい信じられ（**ア**　る　**イ**　ない　**ウ**　そうだ）。〔　　〕

④ どうぞお好きなものを召し上がって（**ア**　ください　**イ**　はいけません　**ウ**　みます）。〔　　〕

⑤ あたかも自分が見つけたかの（**ア**　である　**イ**　ものだ　**ウ**　ようだ）。〔　　〕

⑥ 有名人の彼とぜひとも友達になり（**ア**　そうだ　**イ**　たい　**ウ**　かねない）。〔　　〕

書いて伝える②
―接続表現

教科書 p.150～p.151

検印

表現　知識・技能

1 次の各文の空欄に、接続表現を補いなさい。

① 氷は水より密度が小さい。〔　　〕、氷は水の上に浮く。
② 砂漠化は深刻な問題だ。〔　　〕、日本ではあまり議論されない。
③ 彼は勇敢なのか。〔　　〕、単に無鉄砲なだけなのか。

①〔　　〕　②〔　　〕　③〔　　〕

2 次の文を並び替えて意味の通る文章にしなさい。

ア しかし、これらの資源は無限には存在しない。
イ では、その新しいエネルギー源を何に求めればよいのだろうか。
ウ もちろん、これらがすぐ現在の地下資源エネルギーに取って代わることができるわけではない。
エ 現在、私たち人間は石油や石炭などの地下資源を活用してエネルギーを得ている。
オ したがって人類はいずれ訪れる資源の枯渇に備え、新しいエネルギー源を探さねばならない。
カ たとえば風力、太陽、地熱などの活用が考えられる。
キ つまり、使えばなくなってしまうものなのである。
ク だが、百年、二百年先のことを考えれば今すぐとりかからなければならない。

〔　〕→〔　〕→〔　〕→〔　〕→〔　〕→〔　〕
→〔　〕→〔　〕

3 次のA～Dの文が意味の通る文章になるようにB～Dを並べ替え、さらに空欄①～③に入る適切な接続表現を、それぞれ補いなさい。

1
A 植物は自分で動いて食べ物を手に入れることはできない。
B 〔①〕、私たちは植物を大切にしなくてはならない。
C 〔②〕、その過程で酸素を作り出してもくれるのだ。
D 〔③〕、光合成によって体内で栄養分を作ることができる。

A→〔　〕→〔　〕→〔　〕

①〔　　〕　②〔　　〕　③〔　　〕

2
A 今年の夏は猛暑だと言われている。
B 〔①〕、我々も今から節水を心掛けよう。
C 〔②〕、今年は梅雨にあまり雨が降らなかった。
D 〔③〕、水不足が懸念されている。

A→〔　〕→〔　〕→〔　〕

①〔　　〕　②〔　　〕　③〔　　〕

3
A 日本人は近代になって洋服を着ることが一般的になった。
B 〔①〕、最近では若者の間で再び着物の人気が高まっている。
C 〔②〕、伝統文化が新しい流行として復活したと言えよう。
D 〔③〕、彼らは着物を目新しいファッションとして見ているからだ。

A→〔　〕→〔　〕→〔　〕

①〔　　〕　②〔　　〕　③〔　　〕

4 次の四つの文を、あとの指示に従って二文にまとめなさい。（必要に応じて順番や文末などを変えてよい）

A　レオナルド・ダ・ヴィンチは天才だと言われた。
B　絵画のみならず設計・発明も手がけた。
C　下書きや未完の作品が多い。
D　彼には飽き性という欠点があった。

(1) A・BとC・Dの二文に分け、二文目冒頭に「しかし」を使う。

〔　　　　〕

(2) A・B・CとDの二文に分け、二文目冒頭に「なぜなら」を使う。

〔　　　　〕

5 次の二つの文を、（　）内の接続表現を用いて一文にまとめなさい。

「夏休みに猛勉強をした。」

「第一志望の大学に合格した。」（順接）

〔　　　　〕

6 次の各文の因果関係が成立する状況として適切なものを、あとのア～ウからそれぞれ選び、記号で答えなさい。

① 彼は球技が苦手だ。だから高校に入学したら野球部に入部するそうだ。
ア　彼は球技をするのが好きではない。
イ　彼の入学する高校では、何か一つ「苦手を克服する」取り組みをしないといけない決まりになっている。
ウ　彼が入学予定の高校には、球技の部活動が多く存在する。

〔　　〕

② 明日の天気予報は雨だ。しかし、マラソン大会は中止だろう。
ア　明日のマラソン大会は、雨でも決行する予定だった。
イ　明日のマラソン大会は、雨の場合には中止する予定だった。
ウ　明日は晴れているときだけ、マラソン大会を開催する予定だった。

〔　　〕

7 次の文章の空欄に入る適切な語句を、直前にある接続表現に注意してア～ウからそれぞれ選び、記号で答えなさい。

① グアムは晴れた空のイメージが強いが、実は雨季の降水量は非常に多い。たとえば私は雨季のグアムに五回行ったことがあるが、〔　①　〕。
ア　一日中雨が降らなかった日は一度もない。
イ　ショッピングが大好きなので、いつもお店に出かけている。
ウ　波が高く、シュノーケリングができない日が多かった。

〔　　〕

② グアムの雨は日本の梅雨と大きく異なる。日本の梅雨の場合、雨が長時間降り続くことが多い。一方、グアムの雨季は、〔　②　〕。
ア　とにかくたくさんの雨が降る。
イ　湿度が高く、日本と同様、あまり快適な気候とは言えない。
ウ　雨量こそ多いが、短時間で止み、すぐに晴れることも多い。

〔　　〕

学習目標 比喩や例示など、文の印象を変える表現上の工夫について学ぶ。

書いて伝える③
—表現の工夫

教科書p.152~p.153

検印

表現 知識・技能

1 **次のア~コの言葉の中から、外来語を三つ選び、記号で答えなさい。**

ア たばこ　**イ** 手品　**ウ** うさぎ　**エ** 物語
オ 人間　**カ** 報告　**キ** ぶりき　**ク** ふるさと
ケ かるた　**コ** 家屋

〔　〕〔　〕〔　〕

2 **次の各文の傍線部を、例にならって漢語に言い換えなさい。**

例　二つの文章を比べる。→二つの文章を比較する。

① ルールは守らなければならない。〔　〕

② 夜十時には寝ましょう。〔　〕

③ 私には二つの違いがわからない。〔　〕

3 **次の同じ意味を持つ三つの言葉は、それぞれ和語・漢語・外来語のいずれか、答えなさい。**

① 1 速度　2 スピード　3 速さ

1〔　〕2〔　〕3〔　〕

② 1 ウォーキング　2 歩く　3 歩行

1〔　〕2〔　〕3〔　〕

4 **次の各文で用いられている表現上の工夫の種類を、あとのア~キからそれぞれ選び、記号で答えなさい。**

① いすに座ったまま足をぶらぶらさせる。〔　〕
② 君の瞳はダイアモンドさ。〔　〕
③ 今年初めて見たの。樹氷というものを。〔　〕
④ 彼女は、あたかも病気であるような顔色をしていた。〔　〕
⑤ 春の草原では、花たちが私にほほえんでくれる。〔　〕
⑥ ドアをドンドンとたたく音がする。〔　〕
⑦ あたり一面真っ赤に染める夕陽。〔　〕
⑧ ぺちゃくちゃおしゃべりしてはいけません。〔　〕

ア 体言止め　**イ** 擬態語　**ウ** 擬音語　**エ** 直喩
オ 隠喩　**カ** 擬人法　**キ** 倒置法

5 **次の各文の空欄にあてはまる擬態語を、あとのア~オからそれぞれ選び、記号で答えなさい。**

① 〔　〕夜が更けていく。
② 驚いて彼の顔を〔　〕見つめた。
③ 終わったことを〔　〕言い続けるのはやめよう。
④ 彼女はこの試合にかけた思いを〔　〕語り続けた。
⑤ 手こずっていた問題が〔　〕解けた。

ア くどくどと　**イ** するすると　**ウ** せつせつと
エ まじまじと　**オ** しんしんと

解説　さまざまな資料を読み解く

現代の社会生活で必要とされる国語の力を身につけるために、「現代の国語」で学習するさまざまな形式の文章の特徴や着眼点を整理しておこう。

実用的な文章

「実用的な文章」とは、実社会において、具体的な目的やねらいを達成するために書かれた文章のことであり、次のようなものがある。

・新聞や広報誌など報道や広報の文章
・案内、紹介、連絡、依頼などの文章
・手紙　・会議や裁判などの記録
・報告書、説明書、企画書、提案書などの実務的な文章
・法令文　・キャッチフレーズ、宣伝の文章

このほか、インターネット上のさまざまな文章や、電子メールの多くも、実用的な文章の一種と考えることができる。

実用的な文章の特徴として、読まれる相手やその文章が書かれた目的が明確であることがあげられる。その文章が誰に向けて、どのような目的で書かれたものかをつかんでおくと、内容を把握しやすくなる。

実用的な文章は、説明文や評論文といった文章に比べると、内容が平易で具体的であることが多い。しかし、一つの文章に含まれる情報量が多くなる傾向があるので、必要な情報だけを選び取って読む必要がある。どれが必要な情報でどれが不要な情報なのか、常に考えて読むようにしよう。

論理的な文章

「論理的な文章」とは、ある事象・テーマについて、筆者の問題意識や主張が展開される文章のことをさし、説明文、論説文や解説文、評論文、意見文や批評文などが含まれる。論理的な文章を読む際には、「テーマ」「論の展開」「筆者の立場」を捉えることが重要となる。

大学入試で論理的な文章が扱われる際には、一つの文章を読解するだけではなく、「複数の文章が提示される」「実用的な文章とセットで読まされる」「ごく短い文章が断片的に提示される」「文章に加えて図表などが示される」など、さまざまな形式で出題されることが想定される。このような場合にも落ち着いて対応できるように、資料の内容を的確につかみ、相互に関連付けながら読む習慣をつける必要がある。

また、最初に設問文を読むことで、問われている内容を押さえておくことができれば、長い文章を読む際の指針となることもある。

会話文

会話文とは、二名以上の人物が会話している場面を文章で示したもののことである。大学入試などで用いられる会話文は、ある文章を読んだ生徒どうしの対話や、生徒と先生の会話であることが多い。

会話文を読む際には、「登場人物」「登場人物どうしの関係性」「場面設定」を押さえることが重要となる。小説を読む際にも、誰と誰が会話をしていて、論点は何なのかを意識して読むことが重要であるが、会話文もそれと近い。

【会話文の例とポイント】

生徒A：会話文が登場する問題が苦手です。どうしたらよいですか。

先　生：小説の解き方と同様に考えると、うまくいくことが多いですよ。小説では、登場人物、人物どうしの関係、場面設定をきちんと読み取ると、だいたいの内容を把握できます。それと同じように考えてみましょう。

生徒A：なるほど、評論文の読み取りの中に一部、小説の読み取りが混じっているようなイメージなんですね。

●ポイント　**登場人物**…先生と生徒Aの二名。
登場人物どうしの関係性…学習のやり方について、先生に気軽に質問できる関係。
場面設定…生徒Aが会話文の問題に取り組む場面。

グラフ・図表

資料としてグラフや図表が提示される場合は、「極端な傾向」や「違い」に注目すると読み取りのポイントが見つかりやすい。

例としてあげた二つの資料は、ある高校が校内で実施したアンケートの結果である。資料1からは「二〇一九年は二〇一七年の同月と比較して貸出冊数が増加している月が多い」「貸出冊数が最も多いのは七月」ということが読み取れる。資料2からは「朝食を毎日食べる人は八割以上いる一方、食べない日がある生徒も二割近くいる」「朝食を食べない理由は『時間がない』『食欲がない』を合わせると七割以上になる」ということが読み取れる。

出題の中にグラフや図表が含まれる場合は、問われている内容によって、着目すべきポイントが変わってくるが、基本的には数量、率が多いところ・高いところに着目するとよい。

【グラフの例とポイント】

【資料1】図書館月間図書貸出数

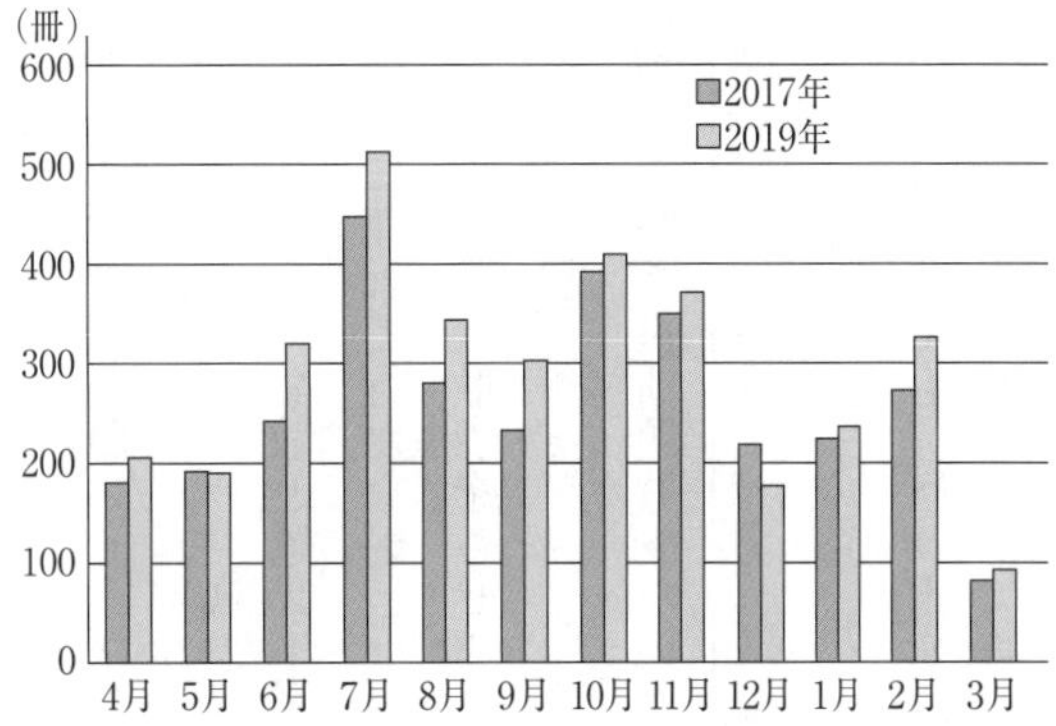

・五月と十二月を除いたすべての月で、二〇一九年の貸出冊数が二〇一七年を上回っている。

・一年間を通して見ると、七月の貸出冊数が最も多い。

【資料2】朝食を食べる頻度（左）と朝食を食べない理由（右）

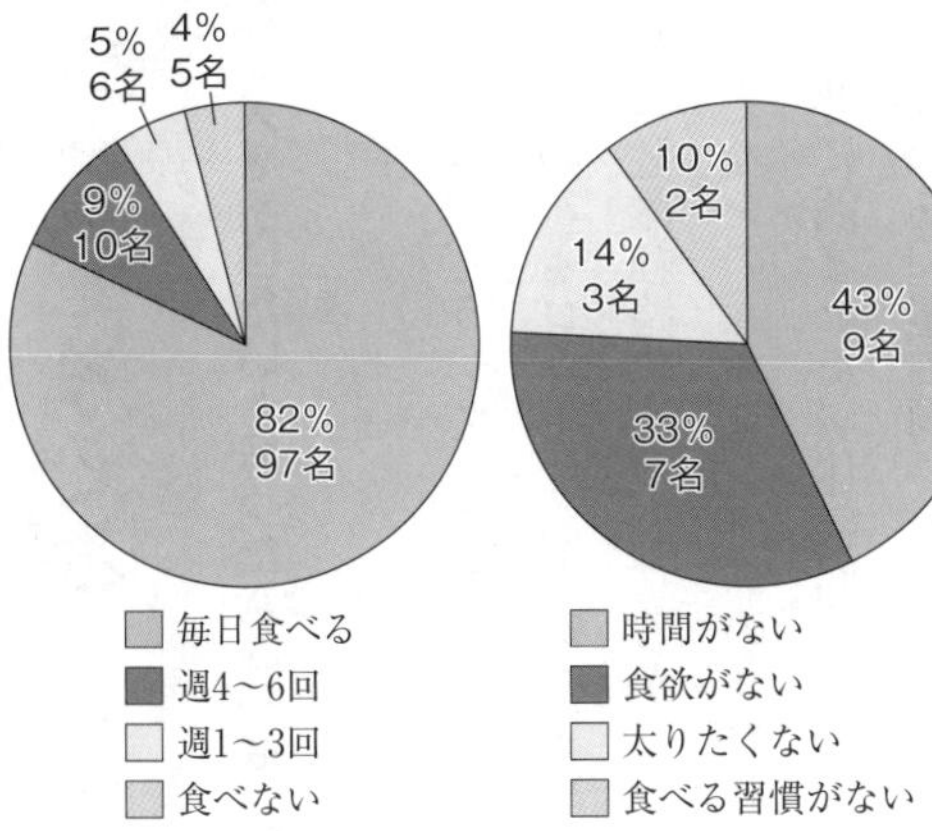

・朝食を毎日食べると回答した生徒の割合は八十二パーセントで最も多い。

・朝食を一日でも食べない日があると回答した生徒のうち、その理由を「時間がない」「食欲がない」と答えた者は計七十六パーセントである。

実践問題①　管理規約などを読み、ペット飼育について考える

検印

Aさんの居住しているマンションでは、条件付きでペットの飼育が認められることになった。犬を飼いたいと思ったAさんは、自宅で両親と話し合いを行った。以下はそのときの会話の様子を示したものである。これを読んで、あとの問いに答えなさい。

【会話文】

Aさん：いよいよこのマンションでもペットを飼っていいことになったんだね。犬を飼いたいな。

母：犬を飼うのは大変だと思うよ。いったいどんな犬を飼いたいの。

Aさん：ブルドッグがいいと思っているんだけど。

父：ブルドッグの成犬はどれくらいの大きさになるんだ。

Aさん：インターネットで調べてみると、「体高三十三から四十一センチメートル、体重二十五キログラム前後」と書いてある。

父：そこには体長は書いてないんだね。

母：あなたはスマートフォンで何を調べているの。

父：今回改定された、マンションの管理規約（**【資料1】**）だよ。住民向けの説明会があったけど、マンションの住民専用ウェブサイトでも閲覧できるんだ。ペットの飼育について管理規約が追加され、具体的なことはペット飼育細則で規定するらしい。これを見ると、①ブルドッグは飼えそうにない。

Aさん：残念。ブルドッグをバルコニーに放して一緒に遊ぶのが夢だったのに。

父：その夢は、もう一つの理由からもかなわないみたいだね。ペット飼育細則では［　　　］を禁じているよ。

Aさん：えっ、どうして。このバルコニーはうちのものでしょう。

母：このバルコニーはわが家「専用」ではあるけど、いざという時の避難経路にも使われるから、完全にわが家だけのものとも言えないの。マンションの「専有部分」というのは、壁や床や天井に囲まれた居住空間のことを言うんだよ。

Aさん：うわあ、室内飼いということか。外に出られなかったら、犬にとってはストレスになるだろうな。キャンキャン鳴くかもしれない。

父：それでは犬がかわいそうだし、鳴き声がうるさいと住民トラブルにもつながりかねないよ。

Aさん：犬のストレス発散と運動不足解消のためには、できるだけ毎日散歩に連れて行かないといけないね。

母：その点、猫は散歩をさせなくていいから犬より飼いやすいと思うんだけど。

父：猫なら鳴き声問題も少ないかもしれないな。

母：②最近は犬より猫のほうが人気があるみたいだし、考えてみたらどうかな。

Aさん：いずれにしても、ペットを飼うことは大きな責任を伴うから、もっとよく調べたり話し合ったりする必要がありそうだね。

管理規約（抄）

第11条（ペットの飼育）　ペットを飼育する者は、ペット飼育細則を遵守しなければならない。ただし、他の居住者から苦情の申し出があり、改善勧告に従わない場合には、理事会は飼育禁止を含む措置をとることができる。

ペット飼育細則（抄）

第１条（趣旨）
管理規約第11条（ペットの飼育）に基づき、動物の飼育に関する規則を定める。

第２条（飼育できる動物の種類及び数）
1　飼育できる動物は、一専有部分につき２頭羽を限度とする。ただし、観賞用の小鳥・魚、及び小動物はこの限りではない。
2　犬及び猫は、体長（胸骨から尾骨まで）おおよそ五十センチメートル以内、体重おおよそ十キログラム以内とする。介護犬、盲導犬、聴導犬は適用を除外する。
3　小動物とは、籠や容器の中で飼育され、法律で飼育が認められているものとする。

第３条（飼育動物の把握）
1　ペットの飼育を希望する者は、申請書を理事長に提出すること。
2　ペットの飼育を承認された者は、理事会が発行する標識を各戸の玄関に貼付し、ペットを飼育していることを明示すること。
3　ペットが犬の場合には、毎年狂犬病予防注射を受け、鑑札と注射済票を犬に装着すること。

第４条（飼育方法）
1　ペットの飼育は専有部分で行い、廊下、エレベーター、エントランス、バルコニー、ポーチ、専用庭等の共用部分に放さないこと。
2　共用部分ではペットを抱きかかえるか籠や容器に入れるかして、逃走を防止するとともに、他の住居者に配慮すること。
3　ペットの鳴き声、悪臭、毛や羽、排泄《せつ》物等により、他の居住者・近隣住民に迷惑をかけないように、責任をもって管理すること。
4　ペットは清潔に保ち、疾病予防を心がけるとともに、ノミ、ダニ等の害虫の発生防止にも留意すること。
5　ペットによる事故・汚損・破損等が発生した場合、飼育者がその責任を負い、速やかに対処すること。

内容の理解

思考力・判断力・表現力

1 【資料1】を説明したものとして、適当なものを次から選びなさい。

ア　マンション住民に向けて、ペットを飼育する際の取り決めを示した文書。

イ　マンション住民がペット飼育について会議をした際の討議の状況や結果を記載した文書。

ウ　マンション住民に向けて、マンション内でのペット飼育に関する説明会を開催することを通知する文書。　〔　　〕

2 【会話文】に傍線部①「ブルドッグは飼えそうにない。」とあるが、父がそのように判断した理由を説明した次の文の空欄に入る語句を、【資料1】「ペット飼育細則」から十五字以内で抜き出しなさい。

飼育可能な犬は、〔　　〕とあるが、インターネットで調べると、ブルドッグはそれより大きくなると書かれているから。

3 【会話文】にある空欄にあてはまる言葉を、二十字以上二十五字以内で書きなさい。（句読点は含めない）

4 【会話文】に傍線部②「最近は犬より猫のほうが人気があるみたいだ」とあるが、母は次の【資料2】を見て、このような印象を持ったようである。これをふまえて、次の問いに答えなさい。

【資料2】平成30年度全国犬・猫推計飼育頭数

※一般社団法人　ペットフード協会「平成30年全国犬猫飼育実態調査」による

(1) 母は【資料2】からどのような情報を読み取ったのか、答えなさい。

〔　　〕

(2) (1)の理由を、母はどのように考えているか、「母は、～と考えているから。」という形に合うように、三十字以内で答えなさい。

母は、　　　と考えているから。

実践問題②　データを読み、商品の企画を考える

○○高等学校では、探究学習としてK市の観光ガイド本の企画を行うことになり、その方法を学ぶために、地元の出版社である「みやび書房」を訪問した。○○高等学校は、日本でも有数の観光地であるK市にあり、みやび書房でも観光ガイド本を出版している。みやび書房の訪問を終えた生徒どうしの話し合いの様子を示した【会話文】と、K市の観光客に関するデータをまとめた【資料1】【資料2】を読んで、あとの問いに答えなさい。

検印

【会話文】

生徒A：みやび書房で学んだことをふまえて①商品企画の話を始めようか。企業訪問のときにいただいた、二〇一一年発行の修学旅行生向けの観光ガイド本、あまり売れていないそうだね。

生徒B：すごく手間がかかっている本だという話だったよね。なぜ、売れなかったんだろう。この本って、修学旅行生向けだからか、いわゆる観光ガイド本とは内容が違うよね。たとえば、観光地周辺の飲食店の情報が書かれていないし、各観光地についても、その場所の歴史と、そこにまつわる文学が紹介されている。「歴史と文学を探る」というのが、この本のコンセプトだと言われていたね。

生徒C：担当の方の説明では、「K市を訪れる修学旅行生が減ってしまったので、売れなくなってしまった。」ということだったね。それは本当なんだろうか。

生徒A：「K市を訪れる修学旅行生数の推移」を示したグラフ（**【資料1】**）を見てみよう。

生徒B：グラフを見ると、みやび書房の分析は［　　　　］ということがわかる。

生徒C：そもそも、修学旅行生向けなのに二千円って高くないかな。

生徒A：この本は、「文字どおり足で原稿を書いている。」と言われていたよね。観光地なら、駅から徒歩で何分かかるかということも、実際に歩いてみてから書いているそうだ。そのうえでK市の歴史と文学を探るというコンセプトで編集されているらしい。手間がかかっている分、価格が上がっているのかもしれないね。

生徒B：修学旅行生がグループ研修などでK市を回るときに、この本を使って歴史と文学を勉強してもらいたいという思いで作られているということだったよね。

生徒C：それはどうかなあ。修学旅行のグループ研修は、せいぜい数時間だよ。そのためにわざわざ本を一冊買おうと思うかな。修学旅行には旅行会社が紹介パンフレットを用意してくれるし、インターネットでもいろいろ調べられるから、それで十分だと思う。

生徒A：たしかに。今の時代に売れる本を作るって大変そうだね。

生徒B：今回勉強したことを企画に生かさないとね。僕たちが企画するのは、売れる観光ガイド本だよね。まず、どういう年齢層に向けた本を作るかを決めないと。「K市を訪れる観光客の年齢層

内訳」のグラフ（【資料2】）を見てみよう。

生徒C：②これを見ると、みやび書房の本は売りにくそうだよね。僕たちが売れる本を作るためには、最も観光客数の多い年齢層をターゲットに本を制作したほうがいいんじゃないかな。

生徒A：この層にアピールする本はどういったものだろう。みやび書房の修学旅行生向け観光ガイド本のどこを変えると、この層向けになるかって考えると、いい案が出るかもしれないよ。

生徒B：なるほどね。そういう観点で見たら、この層の人は、駅から自分の足で観光地まで歩くかな。

生徒C：歩くのは体力的に難しい人も多いかもしれないね。

生徒A：だとしたら、歩かない場合を考慮して、バスや鉄道、タクシーなどの情報を充実させるべきじゃないか。

生徒B：あと、この本には飲食店の情報が載っていないけれど、この層には、こういう情報も重要だよね。しかも、「量より質」の追求になるんじゃないかな。

生徒C：新しい観光ガイド本の企画の基本路線が見えてきたね。でも、こういう本はもうたくさん発行されているよ。ほかの本との差別化を図るために、みやび書房の本の、「歴史と文学を探る」というコンセプトを踏襲するといいかもしれない。今、大人の学び直しもブームになっていることだし。

生徒A：なるほど。この企画案ができたら、会社訪問のお礼の手紙の中に入れようよ。

【資料1】修学旅行生数の推移（全国、Ｋ市）

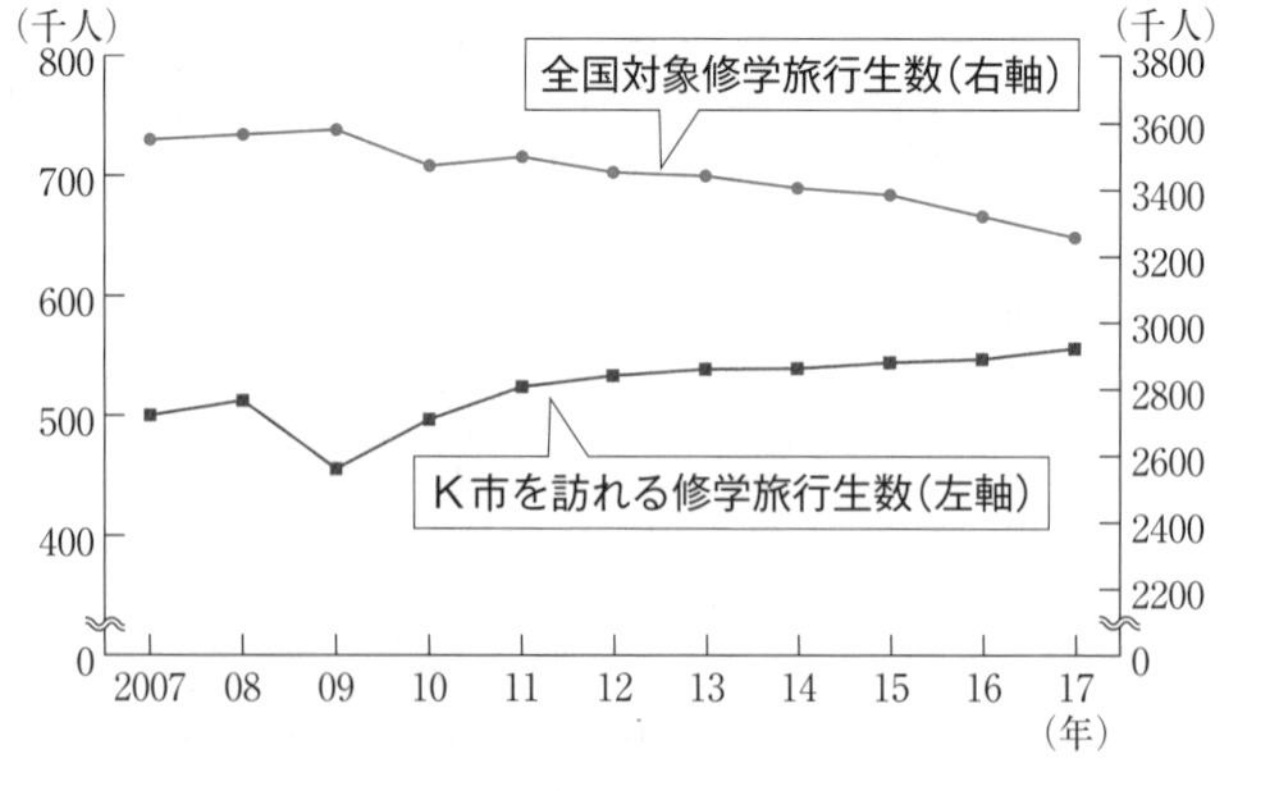

【資料２】Ｋ市を訪れる観光客の年齢層内訳

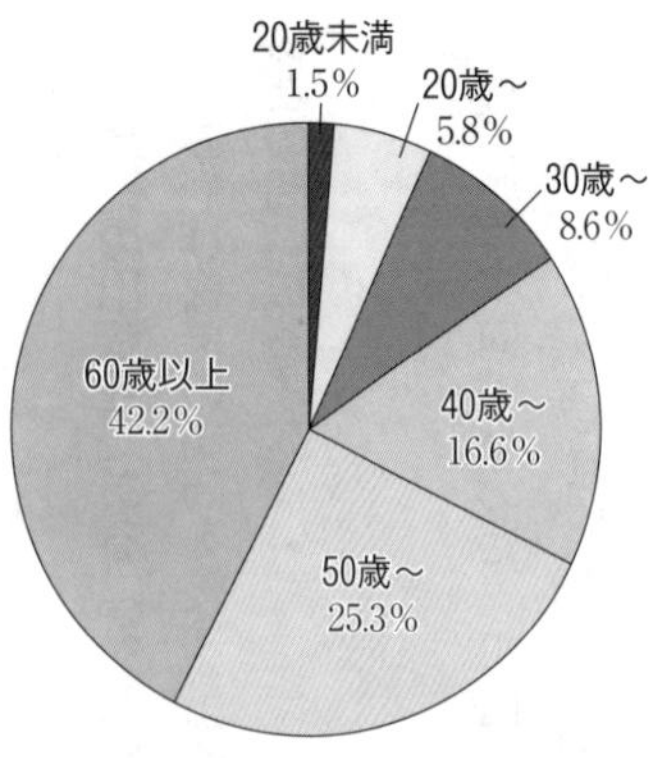

※資料１、２はいずれも第一学習社による創作。ただし資料１の「全国対象修学旅行生数」は、文部科学省「学校基本調査」による。

1【会話文】に傍線部①「商品企画」とあるが、生徒たちは何の企画を立てようとしているのか。十字以内で答えなさい。

2【会話文】の二つ目の生徒Bの発言について考えるために、次の問いに答えなさい。

(1)【資料1】からわかることをまとめた次の文章の空欄①～⑤に、「増加」「減少」のいずれかを入れて、文章を完成させなさい。

K市を訪れる修学旅行生数は、二〇〇九年に大幅な〔　①　〕をしているが、翌年すぐに〔　②　〕に転じ、その後は緩やかに〔　③　〕傾向を示している。少なくとも観光ガイド本が出版された二〇一一年以降は〔　④　〕していない。一方、「全国対象修学旅行生数」は、二〇一一年以降一貫して〔　⑤　〕が続いており、K市の傾向は全国の傾向と反していると言うことができる。

①〔　　〕　②〔　　〕　③〔　　〕
④〔　　〕　⑤〔　　〕

(2)【会話文】の生徒Bの発言中の空欄に、「正しい」「正しくない」のうち、適当なものを入れなさい。〔　　〕

3【会話文】に傍線部②「これを見ると、みやび書房の本は売りにくそうだよね。」とあるが、生徒Cがこのように述べた理由として最も適当なものを次から選びなさい。

ア　修学旅行生向けの本であっても飲食店の情報は必要であるのに、その情報が書かれていないから。

イ　旅行会社がK市の紹介パンフレットを用意してくれるため、修学旅行生が本を買う必要がないから。

ウ　K市を訪れる観光客の中で、修学旅行生が含まれる二十歳未満の割合が最も少ないから。　〔　　〕

4 生徒たちが考えた企画の内容について、次の問いに答えなさい。

(1) 生徒たちが企画のターゲットにした年齢層を答えなさい。なお、年齢層はグラフの内訳に示された区分によること。

〔　　〕

(2) 生徒たちの企画の内容をまとめた次の文の空欄①・②にあてはまる語句を、①は十二字程度、②は二十字程度で答えなさい。

> コンセプト：〔　①　〕。
> 基本路線：(1)の年齢層向けに〔　②　〕の情報を充実させ、ほかの観光ガイド本との差別化を図る。

①

②

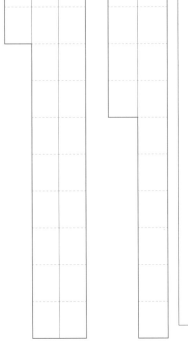